本书受到以下项目支持：
广西高校人文社会科学重点研究基地"北部湾海洋发展研究中心"项目
北部湾大学校级科研项目——基础设施投资效果研究（项目编号：2018KYQD69）

中国基础设施
与经济增长研究

兼论港口水路运输建设

郑广珺 著

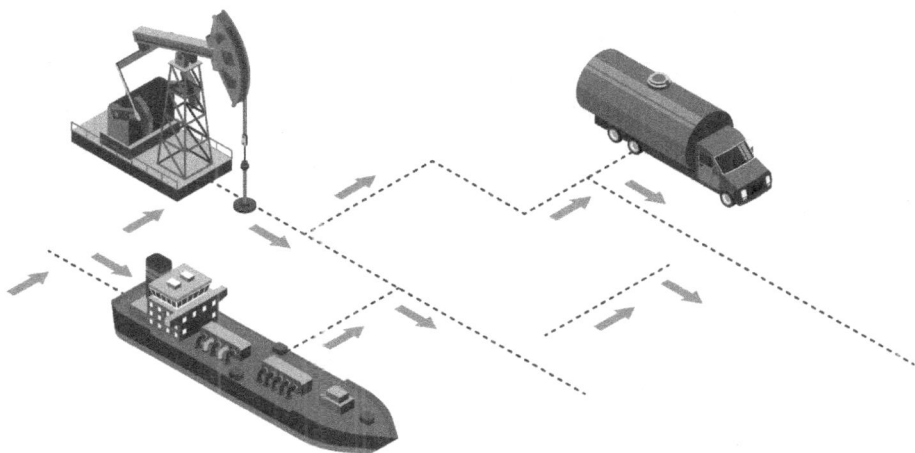

江苏大学出版社
JIANGSU UNIVERSITY PRESS

镇 江

图书在版编目（CIP）数据

中国基础设施与经济增长研究：兼论港口水路运输建设／郑广瑄著. — 镇江：江苏大学出版社，2020. 6
ISBN 978-7-5684-1384-8

Ⅰ.①中… Ⅱ.①郑… Ⅲ.①基础设施建设－关系－经济增长－研究－中国 Ⅳ.①F299.24②F124.1

中国版本图书馆 CIP 数据核字（2020）第 106884 号

中国基础设施与经济增长研究：
兼论港口水路运输建设
Zhongguo Jichu Sheshi yu Jingji Zengzhang Yanjiu：
Jian Lun Gangkou Shuilu Yunshu Jianshe

著　　者／郑广瑄
责任编辑／柳　艳
出版发行／江苏大学出版社
地　　址／江苏省镇江市梦溪园巷 30 号（邮编：212003）
电　　话／0511-84446464（传真）
网　　址／http：//press.ujs.edu.cn
排　　版／镇江文苑制版印刷有限责任公司
印　　刷／广东虎彩云印刷有限公司
开　　本／890 mm×1 240 mm　1/32
印　　张／5.875
字　　数／200 千字
版　　次／2020 年 6 月第 1 版　2020 年 6 月第 1 次印刷
书　　号／ISBN 978-7-5684-1384-8
定　　价／56.00 元

如有印装质量问题请与本社营销部联系（电话：0511-84440882）

前　言

　　基础设施投资对经济增长有正反两方面的作用。本书以中国为研究对象，分析基础设施在经济增长过程中的作用，以探索经济发展之道。

　　第一，分析中国上古至西汉、隋朝两个时期的基础设施建设案例，总结其中的经验教训。由此得出结论：基础设施建设必须技术可靠、有利于优化资源配置且在社会资源承受能力范围之内，才有可能推动经济增长。

　　第二，对总产出方程式与总需求结构方程式进行数理分析，得到符合最优经济增长的基础设施投资量。

　　第三，从国家整体和省级地区两个角度出发，分析中国改革开放以来，铁路、公路等交通基础设施的建设情况与交通基础设施的使用效率。我国总体的客货运需求在经历了长期增长以后，从 2013 年开始处于倒 U 型走势的筑顶或者下降通道中，2016 年又有小幅增长，但是未来大幅度增长的可能性较低。基础设施建设在各地区分布不均匀，人均基础设施存量最少的是人口多、经济发达的沿海地区。

　　第四，港口水路运输设施也有大幅度增长。自 2005 年以来，港口万吨级泊位增加一倍以上，货运周转量同期增长接近一倍。展望未来，货运市场的增长潜力可能有限，港口泊位建设需要结合货运市场的发展情况而进行。

　　第五，以基础设施投资率和基础设施投资积累率为主要变量，使用二次项模型与 OLS 方法，利用中国 1989—2018 年基础设施固定资产投资数据分析基础设施投资与经济增长率的关系，基础设施投资率与经济增长率之间似乎存在倒 U 型关系。

事实上,最近十年来,有时候提高基础设施投资率是为了减缓经济下行压力,不能以此断定基础设施投资超过一定比率必将导致经济增长率下降。在改革开放前期,基础设施投资率较低,对推动经济增长作用明显。简单的数据分析也可以说明,随着基础设施存量提高,基础设施投资对拉动经济增长的效果下降,甚至有可能起反作用。

第六,分析基础设施投资成本。财政预算只能提供基础设施投资的一小部分资金,公众需要以缴纳土地使用金或者长期加价使用基础设施的方式为基础设施建设投资付费,成本负担主要落在购房者与租房者身上,造成收入分配差距不断扩大等诸多社会问题。不断加大基础设施投资是地方政府与当地公众的占优策略行为。

第七,分析基础设施投资在国民经济总需求结构中的比例关系。改革开放以后,基础设施投资率、固定资产投资率、总投资不断增加。将中国宏观经济总需求结构与其他大国(地区)进行对比,中国居民消费率最低,而投资率却最高。基础设施投资推动了投资与政府支出的增长,但也导致居民消费率持续下降,产生诸多问题。

总之,适当的基础设施投资才可以让其他生产要素更好地发挥作用,从而推动经济增长。基础设施投资短期调控经济的效果越来越差,应该立足长远,根据经济长期发展的要求而谨慎进行。

目　录

第一章 绪 论

第一节 研究背景及问题的提出

古往今来，基础设施（Infrastructure）在经济发展与社会生活中发挥着独特的作用。适当的基础设施投资、恰当的基础设施存量可以有效发展社会生产力，推动经济增长与社会进步。充足的基础设施也为人类社会生活提供保障，使社会正常运行，不断进步。存量是增量的积累，归根结底也是增量所形成的，投资是主要的问题和焦点。基础设施如此重要，自然引起人们的广泛关注与重视，其关键问题在于基础设施投资。

基础设施对人类社会的贡献是多方面的。在经济方面，企业投资于厂房、原材料、机器设备，用于雇佣劳动力，这些生产要素的有机结合形成生产力，而生产力只有与公用基础设施、交通基础设施结合，才能使原料进入工厂，产品进入市场，生产得以持续循环进行。由此，可将基础设施投入视作一种资本，与企业投资的资本即实业资本相对应。同时，基础设施投入也是一种生产要素，与劳动力、土地、资本等生产要素相对应。在生活方面，基础设施也为人们的生活提供了必要的保障。城市道路、水电气暖等公用设施，公园、学校、医院等公共物品构成了人们生活的必需品，也支撑着社会正常运行。投资基础设施建设，为人们提供良好的公共服务，是政府的职能。但是基础设施的建设成本十分高昂，很多落后国家（地区）因为财力有限，难以投资基础设施。在一些发达国家，虽然人均财富水平较高，但是政府也未必有足够多的资金投资于基础设施的大规模投资与建设之中。人们虽然向往拥有更多的基础设施，但囿于资源的稀缺性，这种愿望未必能够实现。在经济发展的过程中，政府应该怎样投资于建设基础设施，才能最好地利用稀缺的资源，推动经济增长、服务社会？这不仅是社会关注的问题，也是发展经济学、宏观经济学、财政学等多个学科研究的对象。

经济增长是指国民经济总量相对于上一时期有所增加，通常用增长率表示，是一个单纯的"量"的概念。而经济发展是一个"质"的概念，有更加宽泛的内容，不仅包括经济增长的速度、增长的均衡性与平稳性，还包括经济结构、社会形态、国民的生活质量，如教育水平、健康卫生水平、产业结构等。经济发展也是经济持续增长的结果。国民生活质量的提高，经济结构、社会形态等的进步在很大程度上依赖于经济增长。经济保持持续增长是经济发展的主要内容，也是一个国家走上发展道路的重要条件。本书主要关注基础设施对经济增长影响问题，分析基础设施与经济增长的关系，这既需要逻辑上的分析，更需要经验案例的启示。中国是当今最具经济活力的国家，也是世界第二大经济体，关于基础设施与经济增长，有足够长的历程和足够多的数据可供分析，也有充足的事例启迪思维。每天发生在身边的变化，令我们得到诸多灵感与启发。聚焦于中国的发展历程，也许会让我们获益良多。

自改革开放以来，中国经济增长速度之高，举世瞩目。1979—2018 年，国内生产总值（GDP）年均增长 9.4%，人均国内生产总值年均增长 8.4%，货物进出口总额年均增长18.4%，堪称增长的奇迹、经典的发展案例。① 学者们对此有诸多解释，有的从制度变迁的角度，有的从技术进步的角度，有的从人口红利的角度，也有的从基础设施资本积累的角度进

---

① 本书所用数据主要来自于国家和地方统计年鉴，最新数据采用截稿时的最新统计年鉴即《中国统计年鉴2019》所记载的 2018 年数据。

行解释。显然，基础设施投资也是推动经济增长的因素之一（本书第二章将介绍相关文献）。中国以基础设施投资与建设推动经济增长的做法受到国内外的赞许，甚至被奉为发展典范（世界银行，1994）。中国经济体制改革逐步深入，从计划经济转向市场经济，增加市场主体的自由度，释放市场潜能。市场与政府各自发挥长处，优化生产要素配置，使生产要素的配置向帕累托更优的方向迈进，提高生产效率，生产力潜能不断得到释放，经济快速增长。中国实施大规模的基础设施投资策略，弥补了以往基础设施存量过少的发展短板，推动了经济增长，获得了巨大的成功。

改革开放之前，中国基础设施投入不足，基础非常薄弱。交通、供电作为基础设施的重要方面，是生产的薄弱环节。1978 年全国铁路营业里程仅有 5.17 万公里，公路里程仅有 89.02 万公里，航空航线 14.89 万公里，一次性电力及其他能源为 1945.87 万吨标准煤。1978 年以后，随着国民经济持续快速增长，交通运输、电力等需求增长强劲，交通不顺畅、电力不足成为经济发展的重要瓶颈，全国公路运输拥挤，火车货运车皮很难获得，春运期间客运一票难求，航空运输价格昂贵。每当经济总需求过大时，交通运输瓶颈问题更加显现，拉闸限电时有发生，成为经济发展过程中难以逾越的瓶颈。多年来，每年春运时节，从沿海发往内地的火车、客车一票难求，交通运力受到严重的挑战。交通基础设施建设受到了中央和各级地方政府的重视，"要想富，先修路"成为全民共识。全国开始了大规模的公路、铁路基础设施建设，20 世纪 80 年代初和 80 年代末国家干线公路网和国道主干线系统规划成功制定并实施，基础设施建设筹资渠道实现多元化，由政府独资转向政府、国企、民企与外企多元投资的局面，特别是 1985 年起国家陆续颁布法规，允许高等级公路收费还贷以后，公路建设的筹资渠道充分打通，公路建设开上快车道。在电力方面，70年代末面对全国性严重缺电局面，国家出台了一系列措施，调动包括外资在内的多元投资办电，发电装机容量和发电量到

1996 年跃居世界第二位，并且开始实现电力供需基本平衡（周小谦，2002）。在此之后，电力供应量逐步超过需求量，国家出台政策限制小火电、小水电，控制电力装机容量，以提高整体发电效率。

后来，随着形势的发展，基础设施投资在中国扮演着发展经济与宏观调控的双重职能。在进行常规性基础设施建设的同时，基础设施投资还作为应对宏观经济问题、加强宏观调控、扩大内需的有效手段而被使用。1997 年，东南亚金融危机爆发，中国外贸出口需求急剧下降，宏观经济出现了产能过剩、通货紧缩问题。当时国家还面临着交通基础设施短缺的问题，铁路运输能力相对市场需求显得不足，高速公路同样供给不足，交通拥挤的问题时而出现。面对经济增速下滑的问题，1998 年党中央、国务院采取了积极的财政政策与宽松的货币政策，发行 1000 亿元长期国债，大规模投资基础设施，固定资产投资增速明显加快，成为当时稳定经济增长的主要动力。2008 年，美国金融危机爆发，国际经济形势急转直下，导致经济增速快速下降，国家实施适度宽松的货币政策，加快农村基础设施、铁路、公路和机场、港口等重大基础设施建设，对拉动全社会投资和稳定经济发挥了重要作用，经济增长率迅速地从 2008 年第四季度的低谷回升，2009—2010 年经济迅速回升，增长率达到 8.3%、10.2%，从 2011 年开始，经济增长率连续缓慢下降，至 2018、2019 年，经济增长率为 6.3%、6.1%①。从 2010 年开始，经济增长率下降近十年，为了扭转经济增长下滑的局面，稳定经济增长率，国家数次大规模进行基础设施投资，虽然不能完全解决经济增长率下滑的问题，但是也起到一定的稳定作用。

回顾改革开放以来，在多次积极财政政策及一系列金融政策的推动下，基础设施投资与建设不断跨上新台阶，我国基础

---

① 2019 年数据来自于《中华人民共和国 2019 年国民经济和社会发展统计公报》，其他数据均来自于《中国统计年鉴 2019》。

设施已经积累了巨大存量。2018 年全国铁路营业里程达到13.17 万公里，公路里程 484.65 万公里，定期航班航线里程484.65 万公里，输油气管道里程 12.23 万公里，发电装机容量达到 19.00 亿千瓦，城市道路面积 85.43 亿平方米，城市绿地面积 304.71 万公顷。市场也不断扩张，2018 年全国交通运输旅客周转总量达到 3.42 万亿人公里，货运周转量达到20.47 万亿吨公里，沿海规模以上港口货物吞吐量 92.24 亿吨，能源生产总量 37.7 亿吨标准煤。

很多学者研究了中国改革开放以来至 2010 年基础设施建设对经济增长的贡献，认为基础设施对中国经济增长有显著的促进作用（范九利、白暴力，2004b；刘生龙、胡鞍钢，2010；等等）。但是也有学者的研究则发现中国基础设施在推动经济增长方面存在问题（Banerjee et al.，2012；刘勇，2010；孙早等，2014）。

基础设施投资是促进经济增长的"万能药方"吗？事情好像没有那么简单。"基础设施投资促进经济增长"这一论断，无论在理论上还是在经验上都没有被确认，而是被不断地证实或者证伪。就中国的经验而言，虽然以往基础设施建设所取得的成就得到了广泛认可，对经济增长的促进作用也曾经被多次验证；但是基础设施投资在未来能否促进经济长期稳定增长，这是不确定的。

中国的基础设施需求前景并不乐观。第一，基础设施存量已高，未来的建设空间有限。经过长期多方努力，尤其是在应对国际金融危机的"一揽子计划"实施结束以后，近十年来继续推进基础设施建设，许多国家级公路、铁路、港口、高压电网建设工程已经完工，多项设施的存量已经位居世界第一或者接近第一。以交通基础设施为例，近年来虽然每年均投入巨资改扩建基础设施，但是越来越多的交通基础项目建设在人口少、建设难度大的地区。第二，现实数据已经说明市场需求不足。基础设施存量已高，虽然供给量依然增长，但是市场对交通运输、用电等的需求量已经得到充分开发，未来的增长空间有限，有可能发生供过于求的状况。虽然每年的运输路线长度、运输能力持续增长，但是随着经济增长与人口增长的放缓，交通运输的需求量已经发生下降或者增长空间有限。2013—2015 年全国客运量已经连续三年下降。货运量在 2013 年到达阶段性高点后，就没有大幅度增长，而货运周转量在 2015 年下降。交通运输等与基础设施有关的产业在未来有可能成为产能过剩的产业。第三，在经济落后、地广人稀的地区，基础设施运行效率不佳。有些城市人口不多，但是也致力于修建地铁、轻轨等城市轨道交通设施。在很多地方政府看来，通过基础设施建设、招商引资来集聚人口与产业是发展经济的不二法门，可是往往事与愿违。媒体对鄂尔多斯、营口新城等有关"鬼城"的报道虽然有夸张之嫌，但也确实说明了当地新城建设得不到市场需求的认可，类似这样建设新城而空置率较高的情况还不在少数。如果市场配置资源的机制运行良好，这种浪费现象将会大大减少。第四，在经济发展水平到达一定阶段以后，经济增长速度放缓，市场对基础设施的需求量也将放缓。张小锋等（2012）的经验研究表明，英国、美国、日本人均电力消费与人均 GDP 的长期历史趋势呈现出快速增长和慢速增长两种不同表现，电力消费长期趋势的转变与这些国家的经济结构调整有关。第五，技术的进步也可能导致市场对基础设施的需求量放缓或下降。如节能技术的进步也将助推用电量的减少。随着中西部的发展，中国未来的民工数量可能会增长趋缓，甚至有可能下降，对交通基础设施的需求也有可能下降。

总之，基础设施供不应求的状况可能被逆转，基础设施作为一种生产要素，促进经济增长的作用到底如何，还需要进一步研究。基础设施虽然对经济生产、社会生活存在有利的一面，但是投资量特别巨大，对资本投入实体经济与消费需求都有挤出效应，政府需要给予巨额的投入，导致地方政府有可能背负巨额的债务负担，对地方财政与国家金融安全造成负面影响。

第二节 基础设施的概念、分类与作用

一、基础设施的概念

基础设施的概念在社会各界有不同说法。世界银行年度报告（1994）认为，基础设施包括经济基础设施和社会基础设施；经济基础设施包括公用事业（水电气暖和排污系统、垃圾处理、电信）、公共工程和其他交通部门；基础设施服务是居民生活和经济生产活动的核心。一般认为基础设施是为生产和生活提供公共服务的物质工程设施，是用以保证社会经济活动正常进行的公共服务系统。

在不同的时期，基础设施的概念也有不同的解释。以往认为基础设施是物质设施，进入网络时代以后，随着物联网、区块链、云计算、大数据的产生与应用，除了传统的物质设施等硬件设施以外，数据、软件、服务等软件设施也应该算作基础设施。软件设施必须以硬件设施为载体，但是如果仅有硬件基础设施，而没有良好的软件基础设施，那么硬件基础设施也无法发挥作用。

综合来说，基础设施是为保证社会生产和居民生活正常进行而提供的公共设施。基础设施的概念有多层含义：一是经济基础设施，泛指一切对社会生产有用的公用事业、公共工程、交通设施、能源设施、信息设施等。这是狭义的基础设施。二是经济基础设施与社会基础设施，后者包括文化、教育、科学、卫生等设施。这是广义的基础设施。三是一切可以为社会共享的设施，包括政府、法制、国防，都可以列入基础设施的范畴。这是更为广义的基础设施范畴。这三层含义都是公共设施和服务，其区别只在狭义与广义之分。除了第三章的历史分析把国防纳入研究范围以外，本书的基础设施范畴主要是指第二层含义。基础设施是国民经济与社会发展各项事业发展的基础，不同时代的公众对基础设施的要求不同。随着社会与经济

的发展，公众对基础设施的要求越来越高，基础设施的形式与形态也会发生变化。

基础设施既是生产要素，也是社会运行的基础，可以对社会发展、减少贫困、经济增长起推动作用。世界银行年度报告（1994）认为，基础设施存量每增长 1%，GDP 也会增长 1%。基础设施是政府政策发挥作用的重要领域，基础设施投资是宏观经济的重要方面。基础设施的完善程度、建设水平是社会发展程度的重要标志，基础设施也是发展经济学、财政学所要研究的问题。基础设施的质量与数量都是应该关注的重要事项。以更好的方式投资基础设施，以更好的技术建设基础设施，以更高的效率使用基础设施，才能使基础设施更有效地发挥作用。效率低下、投资与经营失误将会造成基础设施的大量浪费。

二、 基础设施的分类

基础设施可以按照用途或者应用地域进行分类。

1. 按照用途进行分类

（1）公用事业，包括供电、供水、煤气管道、电信、热力、环境卫生设施和排污系统、垃圾收集和处理、污水系统、有线电视与网络系统，在互联网时代还应该包括电子政务系统、云服务、区块链等。

（2）公共工程，包括大坝、灌溉系统、道路。

（3）交通基础设施，包括铁路、城市交通、港口和机场。

（4）社会基础设施，包括文化、教育、卫生等。

前三类是经济基础设施，作为生产要素可以直接形成生产力，有助于经济增长。社会基础设施虽然不是生产要素，但是有助于保证劳动力的健康与提高劳动力的人力资本，以间接的形式形成生产力、推动经济增长。

2. 按照应用地域进行分类

（1）农村基础设施。主要有农业生产性基础设施、农村生活性基础设施、生态环境基础设施、农村社会发展基础设施四大类。

① 农业生产性基础设施，包括农田水利设施等。

② 农村生活性基础设施，包括饮水（或者供水）、能源设施、供电、垃圾处理、污水处理，还有道路、绿化等。

③ 生态环境基础设施，包括天然林资源保护、防护林体系、种苗工程等。

④ 农村社会发展基础设施，包括中小学校、卫生室（所）、文化站等。

随着新农村建设的推进，人们对于基础设施的需求不断升级，包括公共电视、网络、公园、体育文化广场设施、快递服务等。

（2）城市基础设施

① 能源供应系统，包括供电、煤气和暖气等。

② 给排水系统。

③ 交通运输系统，包括对外交通设施和城市交通设施。

④ 邮电通信系统，包括邮政、快递、电报、电话、互联网、广播电视等。随着科技的进步，新的设施将会陆续出现。

⑤ 环境卫生系统，包括绿化与垃圾、污水的处理。

⑥ 防灾安全系统，包括消防、防汛、防震、防台风、防风沙、防地面沉降、防空等。

⑦ 社会基础设施，为居民生活和社会运行服务，狭义的社会基础设施指文化、教育、卫生、体育等机构和设施，广义的社会基础设施还包括商业机构、金融机构等。

三、 基础设施的特点

基础设施对社会生产与生活具有基础性作用，可以为许多人（团体）所消费或者使用，在很大程度上具有公共产品的性质，在超出一定程度以后则具有俱乐部产品的特点，同时还具有不可贸易性。具体来说，基础设施有以下几个特点：

1. 非竞争性

在一定程度内，一部分人对基础设施的使用不会影响另一部分人的消费或者使用，受益者之间不存在利益矛盾。比如，高速公路上行驶的汽车如果在一定数量以内，多一辆或者少一辆都没关系，它们之间不会互相影响，没有利益冲突。

2. 非排他性

基础设施在消费或者使用的过程中，不能为某个具体人或者群体所专有，不排斥其他人使用。例如，电厂如果是公共使用的，则为基础设施；如果是由某个企业建设并用以其内部使用的，则不是基础设施。

3. 俱乐部产品特点

除了具有公共产品的特点以外，很多基础设施的使用在超过一定限度以后，就具有俱乐部产品特点，介于公共产品与私人物品之间，具有一定的竞争性与排他性。比如，当公路的使用量到达一定程度以后，就会出现拥挤的现象；公园虽然是公共产品，但是建了围墙、收了门票以后，就可以具有排他性。

4. 不可贸易性

虽然有些基础设施建设可以依靠国际社会力量来进行，但是基础设施的服务需要在本国或者本地获得，无法通过贸易直接购入。

四、 基础设施的作用

基础设施具有三方面的作用。

1. 生产要素的作用

发展生产力所需要的生产要素多种多样，因产品而异，而且有多种划分方法，但是总结起来，至少包括土地、实业资本、基础设施、劳动力、技术、自然条件、制度、企业家才能八个方面。各种生产要素需要有合理的配比结构，才能形成生产力。促进经济增长，可以通过增加生产要素投入的方法达到，也可以通过优化生产要素的配比结构从而提高生产效率实现。为了便于分析，下文分析生产要素一般只包括基础设施、劳动力、实业资本三方面。

　　基础设施吸引实业投资。一方面基础设施对实业资本起铺垫作用。基础设施为企业生产提供交通运输、能源、供水等服务，可以产生企业集聚效应和规模经济效应，使得投资更有效率。另一方面基础设施为劳动力提供服务，吸引劳动力聚集。只有劳动力聚集，才能为资本投资提供足够的劳动力生产要素。劳动力聚集则需要有教育培训、医疗卫生、社会保障等基础设施作为支撑。

　　基础设施与产业结构相配套。随着社会与经济的发展，产业与劳动力聚集的重心逐渐由第一产业向第二产业、第三产业演进。在这个过程中，社会与经济发展所需要的基础设施逐渐发生变化。比如，农业所需要的重要基础设施是水利灌溉，工业生产所需要的重要基础设施是交通、能源、供电。基础设施投资与建设只有适应产业发展的需求，才能较好地推动经济增长，否则产业发展就会遇到瓶颈。而基础设施投资不但会遇到效率低下的问题，而且还会因为对产业有挤出效应而不利于经济增长。对于国家来说，要设计有效的基础设施投资项目，才能发挥其应有的作用。

2. 宏观调控的作用

　　凯恩斯主义认为，国家可以通过大规模增加投资，包括基础设施投资，在短时间内增加总需求，通过"乘数效应"带来数倍于投资额的生产总值，使宏观经济迅速走出低谷，实现经济增长。20世纪二三十年代，世界爆发经济危机，美国从1933年起实行"罗斯福新政"，才使美国走出危机。1997年东南亚金融危机、2008年世界金融危机先后爆发，中国为了应对外部冲击，实施大规模基础设施投资计划，使经济增长走出低谷。增加基础设施投资确实能够在短时间内拉动经济增长，但是增加基础设施投资能不能对长期的经济增长有促进作用，还有很多争议，并无定论。

3. 推动社会进步

　　基础设施为人们提供文化、卫生、教育等方面的设施与服务，有利于促进人的发展与进步，同时通过提升人力资本水平，间接地推动经济增长。

第三节　基础设施的投资、 建设与使用

基础设施为社会公众所共用，但是并不一定"公用"。基础设施的所有者、投资者、建设者和使用者、投资受益者可以分离。

基础设施的所有者一般为政府及其相应的机构或国有企业，从而使基础设施具有公有性质，但也可以是企业民营或者私营机构，这样的基础设施所有权为私有。比如发电厂、高速公路等的股权可以是国有，也可以是外资、民营资本等所有。基础设施的投资方可以为单一主体，也可以为多种主体。多元投资有助于增加投资量，推动基础设施建设的进度，弥补财政对基础设施投资的缺口。在改革开放之初，中国通过出让收费权吸引外资，以及向外国政府、机构和国际组织借款等方式加速进行基础设施投资。后来，基础设施的投资者逐渐从政府财政投资转向国有企业多渠道筹资进行投资。地方政府使用地方融资平台，加速进行基建投资。建设者一般是项目建设公司或者建筑公司，建设项目通常采用分包的形式，把大的项目层层分解，让多家建设单位承包。

基础设施既可以免费使用（比如全民义务教育、免费公园），也可以付费使用，用于经营。基础设施的使用遵循两个原则，一是"谁使用、谁付费"的原则，使用方与付费方相匹配，收益与成本相对应。二是公益性原则，这是全民付费、全民共享的方式。对于需要实施社会公益的项目，比如义务教育，使用公益性原则。对于不容易认定受益者或者全民受益的项目，比如环境治理、城市绿地、国防等项目，一般也使用公益性原则。

第四节 本书选题的意义、研究目标及研究方法

一、本书选题的意义

现有的理论研究主要认为基础设施投资有利于经济增长，促进社会进步，本书将详细讨论这一命题所成立的条件，分析基础设施对经济增长作用的机理，具有重要的理论价值。诸多文献认为中国基础设施投资是长期经济增长的重要原因，而本书将分析中国基础设施对经济增长的正反两方面效应。本书将总结中国基础设施投资经验，归纳出发展经验，也为探索中国下一步的宏观经济政策提供参考依据。

二、研究思路与主要内容

本书主要分析基础设施与经济增长的关系，重点研究中国基础设施投资建设是否促进经济增长，将在充分研究文献的基础上做好分析。全书共分为十章，第一、二章为本书的研究基础，第三章提供古代的经验教训，第四章做数理分析，第五章以统计和计量方法分析多种交通基础设施的存量与使用效率，第六章使用统计方法分析港口建设和使用效率，第七章计量分析基础设施对经济增长的作用，第八、九章使用统计描述的方法分析成本问题与总需求结构，第十章总结。全书的结构分布紧扣主题，具体情况如下：

第一章为绪论。介绍本书的研究背景，基础设施的有关概念、建设与使用，选题的意义、研究思路和研究方法，创新点与不足之处。

第二章为文献综述。介绍国内外关于基础设施对经济增长作用的重要文献研究，为下文的研究提供借鉴。

第三章为中国基础设施投资历史回顾与分析。介绍我国古代基础设施建设重点案例，总结若干经验教训。

第四章为基础设施投资与经济增长关系的理论模型。从需

求与供给两侧构建基础设施投资与经济增长关系的数理模型，求得最优经济增长的基础设施投资增量，即经济增长与基础设施投资的均衡点。

第五章为中国基础设施建设与使用概况。从国家整体和省级地区两个角度分析中国改革开放以来，铁路、公路等五种交通基础设施的建设情况与交通基础设施的使用效率。

第六章为中国沿海港口建设和使用概况。介绍改革开放以来，中国沿海港口基础设施的建设情况，以及沿海港口基础设施的使用效率，分析投资建设效果。

第七章为中国基础设施投资率与经济增长率关系的经验研究。通过数理与计量模型分析两者之间的规律，并判断基础设施投资是否过度。

第八章讨论基础设施投资的财务成本与社会成本。

第九章为基于总需求结构的基础设施投资分析。对比其他大国（地区）经验，分析基础设施投资与国民经济总需求结构关系。

第十章为讨论与结论。总结全书，讨论应对策略，并总结发展经验。

三、 研究方法

本书从经济学的角度研究基础设施与经济增长关系的中国经验，兼论中国海洋港口建设和使用效率情况，主要使用经验研究的方法进行分析，基本的研究方法包括：

1. 规范分析与经验分析相结合

经济学的研究方法主要使用规范分析与经验分析。规范经济学以一定的价值判断作为出发点和基础，提出行为准则，以此作为处理经济问题和制定经济政策的依据，回答经济活动"应该是什么"，或者"什么样是好的"。经验分析撇开对经济活动的价值判断，只研究经济活动中各种变量的相互关系，使用数理、数据的分析方法，分析和预测人们经济行为的规律或者后果。

2. 历史分析与比较分析相结合

以古为镜，可以见兴替，以人为镜，可以知得失。回顾中国基础设施建设历史，使用经济学方法对其进行分析，从历史的维度考察基础设施投资与经济增长的经验教训。使用国际数据，比较 G20 等国家的宏观经济情况，以世界大国（地区）的普遍情况作为参照物，分析中国当今投资状况所面临的问题，从而判断优劣得失。

3. 数理分析与统计分析、计量分析相结合

使用数理经济学的方法建立基础设施与经济增长关系的理论模型，在理论上推导出基础设施投资促进经济增长的条件。使用统计方法描述中国基础设施投资的存量与增量，分析基础设施对经济增长贡献的变化情况。使用横截面数据分析、时间序列分析、面板数据分析等计量经济学分析方法研究中国基础设施的有关情况。

4. 静态分析与动态分析相结合

利用静态分析考虑当期的效应，动态分析考虑跨期效应，两者相结合可以更好地分析中国基础设施投资对经济增长的效应问题。

第五节　创新与不足

一、 创新之处与贡献

在有关文献流理的基础上，可以认为本书的创新之处与贡献主要体现在三个方面。

1. 本书从理论和经验上做出基础设施投资既可能推动经济增长，也有可能阻碍经济增长的分析判断。

2. 从基础设施投资对经济增长的作用分析与实物基础设施的使用效率两个角度分析基础设施对经济增长的影响，共同印证分析结果。

3. 以往的研究主要集中在 GDP 的增长上，本书研究包括了基础设施的财务成本与社会成本分析。

二、 不足之处

由于时间有限，本书的分析还较为粗糙，主要体现在以下几个方面，将争取继续完善和提高。

1. 文献梳理的功夫还不够深入。应该收集更多的国际文献并研读，对文献进行更为详细的归纳、梳理，为研究做好铺垫。

2. 数理模型的研究还可以更加深入。可以借鉴已有的文献，考虑更多的因素，对数理模型进行更加详细的分析。

3. 历史分析还可以更为精细。对两段历史的回顾，还可以加入更多的历史材料，对有关细节可以有更多的描述，使用经验研究方法，对有关问题进行数量化的分析。

4. 计量分析还可以更加细致。无论对基础设施的作用，还是对其成本分析，或是对有关的债务问题，都可以收集更齐全的数据，使用更精细的方法，进行稳健分析。

上述不足也是未来研究的方向。笔者力争在未来的研究中继续努力，收集更多的数据与资料，用更精细的方法完善有关的分析，取得可靠、详细的成果。

第二章　基础设施与经济增长的文献综述

学界对基础设施投资的研究虽然由来已久，但是大规模的研究还是始于 Aschauer 的系列文章（1989a，1989b，1989c），其推动了基础设施投资与经济增长的研究。Barro（1990）使用了新的增长理论模型，开始把公共支出作为生产力的自我发展和长期增长的一个要素加以考虑；此后，这个模型在经验研究中被反复使用，而且把基础设施投资当作一个生产要素来使用。基础设施对经济增长的重要性，既被世界各国的经验反复地证明，也被反复地证伪。

第一节　基础设施与经济增长的关系

基础设施对经济增长可能有重要的正向影响。学者们从理论模型到经验验证反复论证两者的关系，也从基础设施投资总量和各种实物基础设施的角度分别进行分析。Aschauer（1989a，1989b，1989c）发现公共基础设施对于产出和经济增长产生了重要贡献，公共资本在美国有很大的回报。中国学者张光南、杨子晖（2009）利用 56 个国家 1985—1995 年的面板数据所做的研究结果显示制度和基础设施都与经济增长存在格兰杰因果关系。

基础设施对经济增长也不一定总是起正向作用。有的研究显示，基础设施对经济增长没有显著影响（Gramlich，1994）。Yeoh and Stansel（2013）运用 1880—1920 年美国最大的 45 个城市的数据，使用 C-D 函数来分析公共支出和劳动生产率之间的关系，发现生产性公共支出和劳动生产率之间不存在统计意义上的显著关系。有的甚至认为基础设施投资对经济增长还有反向作用。Devarajan et al.（1996）和 Ghali（1998）都发现了公共资本在一些发展中国家存在过度供给的现象。Grier & Tullock（1989）把 113 个国家二战后的数据分为四组，据此研究经济增长的经验规律，发现系数值在不同国家组之间相差很大，在其中的三组中，政府支出在 GDP 的份额增长与经济增长有显著的负相关关系。Fernald（1999）使用 1953—1989 年美国 29 个部门的数据，检验了基础设施影响的上限，结果显示，提高基础设施的投资率对于 1971 年到 1986 年的年生产率增长有负面影响。

为什么基础设施对经济增长的作用相差如此之大？原因有多方面。第一，基础设施作为一种生产要素的投入，其边际生产率也存在递减的状况。Canning & Pedroni（2008）已经明确指出，存在着为维持经济增长所需的最优基础设施规模；在到达这个最优规模以前，增加基础设施投入有利于增长；如果超越了这个规模，那么就对增长产生负面影响。第二，基础设施的配置、使用效率等因素不同，也会导致效果的不同。正如世界银行年度报告（1994）指出的那样，维修不足、配置失当、浪费与效率低下是发展中国家普遍存在的失误。Hulten（1996）指出，有些中低收入国家使用基础设施效率低下，经济增长因此而遭到阻碍。非洲与东亚国家的经济增长率之间的差异超过四分之一，正是由这方面的原因引起的。第三，其他因素也发挥作用。Esfahani & Ramirez（2003）研究表明制度因素对基础设施促进增长起重要作用。

中国的基础设施投资的成效举世瞩目。自改革开放以来，随着经济的快速增长，中国遇到了交通不通畅、电力不足等方面的瓶颈，国家一直致力于这些方面的建设，使基础设施建设得到了高速增长。基础设施投资在中国扮演着发展区域经济与宏观调控的双重职能，经过 40 余年的发展，累积了巨大的基础设施存量。

中国基础设施建设的巨大增长同样也引来中外学者的广泛关注和研究。世界银行年度报告（1994）说明当时中国交通运力严重不足，这意味着如果当时投资于中国基础设施建设，很可能给中国的经济增长带来显著的正向作用。范九利、白暴力（2004b）建立了一个二级三要素 CES 生产函数，利用中国1981—2001 年的 GDP、基础设施、非基础设施和劳动数据进行计量分析，结果显示基础设施对经济增长具有显著的正向影响，认为应该把基础设施投入作为各级政府重点发展的行业和领域。Sylvie Demurger（2001）使用中国 24 个省份 1985—1998 年的各种基础设施存量面板数据，研究中国基础设施投资与经济增长之间的关系，计量结果显示，地理位置和交通设施、通信的便利都能够解释增长的差异。王任飞、王进杰（2007）使用协整和 VECM（向量误差修正模型）方法，利用中国 1952—2003 年的公路、铁路、航空里程、电话机容量、发电量作为基础设施的代理变量，分析中国基础设施指标与总产出之间的协整与格兰杰因果关系，显示基础设施促进经济增长居于主导地位，应该推进基础设施规模和质量的稳步提高，为长期经济增长提供保障。刘生龙、胡鞍钢（2010）利用中国 28 个省市区 1987—2007 年的交通基础设施面板数据，使用Barro（1990）的模型以及对该模型进行分解，研究交通基础设施对经济增长和在区域经济差距中所起的作用，发现交通基础设施对中国经济增长有显著的正向促进作用，不同的地理位置和交通基础设施条件在区域经济发展差距中起重要作用。Demurger（2001）使用中国 24 个省份 1985—1998 年的面板数据，研究公共基础设施和经济增长的关系，发现基础设施禀赋确实对经济发展有贡献。Hong et al.（2011）建立了一个交通基础设施的多维方法，使用中国 31 个省份 1998—2007 年的面板数据，分析交通设施和地区经济增长之间的关系，结果显示陆路交通和水路交通基础设施都有强烈显著的影响，而航空交通设施的贡献却是弱的。

中国的基础设施建设虽然已经取得巨大成就，但是近些年来通过基础设施建设来推动经济增长的做法却不够理想。有些地方政府希望通过基础设施建设、招商引资来集聚人口，从而发展经济，可是往往事与愿违。部分地方政府的财政状况并不理想，为基础设施建设而背上了巨额的债务，也拖欠了很多企业的工程款，挤占了投资，间接拖欠了进城务工人员工资。常健（2011）撰文怀疑中国基础设施建设是否过度，虽然只是简单的评论，却较早地指出了这一问题。孙早等（2014）通过一个无限期经济增长模型刻画基础设施投资与经济增长的长期关系，证明两者之间存在"拐点"。

世界银行年度报告（1994）指出发展中国家在基础设施建设过程中出现的低效率和浪费同样值得关注，发展中国家应该更高效地建设基础设施。中国高速增长的基础设施存在的设计不合理、抢工期造成的质量问题同样值得关注，而且由于质量不佳所带来的维修费用也将成为负担。基础设施建设具有挤出效应，它挤占了实业投资和农业的资金、人力资本及用地。

一些经验研究也显示，中国基础设施投资并非完美无缺。Banerjee et al.（2012）估计交通运输网络对中国在1986—2006年间地区经济的影响，结果显示，交通网络的建设对人均 GDP 水平有温和的正向因果效应，但是对人均 GDP 的增长没有影响。刘勇（2010）利用 1978—2008 年中国省级面板数据分析公路、水运交通等基础设施存量对中国经济增长的溢出作用，发现公路和水运交通从总体上看对区域经济增长起正向作用，但是在 2001 年以后，这种影响变为负向，交通基础设施投资从短期看并不能有效缩小东中西部的经济发展差距，认为应该重新审视交通投资促进经济增长的政策。

第二节　内生增长模型与基础设施投资

Barro（1990）在 AK 增长模型中加入了政府服务的变量，分析政府规模与经济增长、储蓄率之间的关系。时至今日，国内外很多研究还是借鉴这个模型。Canning（2008）指出，基础设施资本的增长虽然有利于经济增长，但是它也会挤占其他形式的投资，从而抑制了经济增长。

发展中国家在发展的初期阶段，往往存在着基础设施存量较小、人口增长率较快、失业或者隐性失业人口较多等特点。如果能够适当地增加基础设施投资，可以促进其他资本更加有效地发挥作用，也可提高就业率。世界银行年度报告（1994）所描绘当时的中国状况就与此十分类似。随着交通、公用事业、通信等各种基础设施不断完善，经济持续增长，人口增长率有了较为明显的下降趋势，新增就业人口下降，基础设施的边际收益率出现递减，这使得经济增长率最大化的基础设施最优投资率出现了，按这个投资率进行基础设施投资，才能使经济保持稳态增长。

中国作为发展中国家，具有悠久的历史文化，人口众多，人民勤劳、聪明、勇敢，自古以来中央政府就对国家经济拥有强有力的调控能力。其自身的特点与 Barro（1990）、Canning & Pedroni（2008）模型的假设前提都不尽相同。政府的基础设施投资，可以远大于政府的财政收入。内生增长的 AK 模型为基础设施投资与经济增长的研究提供了有效的分析工具，但是需要结合中国的具体情况才能做出恰当的分析。

第三节　关于基础设施存量与增量

迄今为止，对国外基础设施投资的经验研究所使用的数据集中在两个方面。一是增量数据，即基础设施投资数据，比如 Morrison & Schwartz（1996）、Grier & Gordon（1989）、Hulten（1996）、张光南、杨子晖（2009），他们中有很多使用公共投资或者政府支出的数据来代替基础设施数据以分析宏观变量之间的关系。二是基础设施存量数据，比如 Aschauer（1989a、1989c）、Canning（1998、2004）、Canning & Pedroni（2008）、Esfahani & Ramirez（2003），他们把各种实物基础设施存量数据放在宏观经济模型中进行分析。

研究中国基础设施的文献所使用的数据也是类似的。就第一个方面即投资数据而言，中国各地政府甚少公布基础设施投资数据，各级统计年鉴都没有这项数据，而笔者在其他各种类型的统计年鉴中也没有发现这项数据。目前，还没有发现有任何研究直接使用了基础设施投资数据；现有声称使用基础设施投资数据的研究，一般都是使用统计年鉴提供的与基础设施投资相关的行业（比如交通运输、仓储和邮政业等）的固定资产投资数据或者其加总。这类文章有很多，比如张学良（2007），范九利、白暴力（2004a），刘伦武（2005）等。就第二个方面即存量数据而言，中国的统计年鉴有交通、通信、公共事业等实物设施的存量数据，使用这些数据来做研究是相对可靠的，相关研究也非常多，比如黄寿峰、王艺明（2012），刘勇（2010），王任飞、王进杰（2007），张军等（2007），Demurger（2001），Hong et al.（2011）等。

David Canning（1998）从联合国、世界银行等国际组织以及各国官方公布的数据（部分缺失数据作插值处理）中建立了 152 个国家在 1950—1995 年的基础设施存量数据库，从电话机的数量、电话主干线的数量、发电的千瓦数、公路的公里数、柏油路的公里数，以及铁路的公里数等六个方面做了回归分析。结果表明，基础设施的存量显著地随国家的人口规模、收入水平和地理位置的变化而变化，而且这种关系随时间的变化是稳定的。以此为参考，可分析基础设施背后的经济社会因素，特别是可以分析各种基础设施的增量与相关的经济社会变量之间的关系，揭示基础设施增长较快的经济与社会背景。

第四节　基于经济增长的最优基础设施规模

虽然很多研究都表明基础设施能够推动经济增长，但是对于不同的基础设施项目，处于发展的不同时期、资源禀赋不同的地区而言，效果可能都是不同的。基础设施资本是一种生产要素，基础设施投资具有挤出效应，导致减少其他形式的资本投入。在经济增长的过程中，有可能存在着与最快经济增长相匹配的最优基础设施投资规模。如果基础设施规模被设定得太高，那么它们将挤占其他形式的投资，从而使收入增长下降。而如果基础设施规模不足，则基础设施可能成为经济增长的瓶颈或者短板，限制经济增长，导致产出无法达到潜在产出的规模。从全球的平均情况看，每种基础设施的供给接近于最优经济增长所需的水平，但是在有些国家是供给不足，有些国家则是供给过多（Canning & Pedroni，2008）。

国内外学界已经对基础设施供给过多或不足的问题做了很多研究。Devarajan et al.（1996）和 Ghali（1998）发现一些发展中国家存在着公共资本供给过度的问题。Canning & Pedroni（1999）使用 1950—1992 年多国的面板数据来研究基础设施供给的长期效果，检验收入与基础设施在时间序列上的非平稳性和协整关系的长期影响的存在，同时也检验国家间短期和长期反应的异质性。他们发现，国家间存在着大量的异质性，电话和柏油路的平均数据处于最大增长所需的水平上，但是在一些国家中处于供给不足或者供给过度的状况；同时，还发现发电的平均状况处于供给不足的状况。

在国内，也有不少学者使用了协整、格兰杰检验、单位根检验、向量自回归模型、向量误差修正模型等方法验证实物基础设施与全国或者省级经济增长之间的关系（王任飞 & 王进杰，2007；黄寿峰 & 王艺明，2012；夏业良 & 程磊，2011）。已有的研究往往用的是全国时间序列数据或者省级面板数据。

总之，中外学界对基础设施投资做了诸多研究，本书将借鉴已有的研究，对中国基础设施投资效果做出深入而细致的研究（包括讨论沿海港口的建设与使用效率情况），以分析基础设施投资对经济增长产生的效应。

第三章　中国基础设施建设
历史回顾与分析

　　中国古代历史既是一部政治史，也是一部经济史。我国基础设施建设历史悠久，以史为鉴，可知兴替。回顾中国古代基础设施建设历程，分析基础设施建设的成本与成效，有助于加深对基础设施投资与建设效果的认识，有利于更好地开展现代基础设施投资与建设。

　　自古以来，中国从官方到民间都十分重视基础设施建设，这在多部历史典籍中都有记载。从上古三皇五帝到清朝，在多个历史时期，国家都非常重视基础设施投资建设。史书上介绍的基础设施建设包括农业水利基础设施、交通基础设施、城乡基础设施，还有国防设施等公共设施。本章将介绍历史上的基础设施，简要分析上古至西汉、隋朝两个历史时期的基础设施建设，使用经济学方法从中提炼出经验。

第一节　古代基础设施的分类

一、农业水利基础设施

　　古代农业基础设施主要起防洪与抗旱灌溉的作用。防洪措施主要是修筑堤坝。在古代文献中，有很多对治理黄河与淮河的描述。古代黄河干流与支流时常泛滥，改道数次，给农业造成巨大的损失，甚至威胁人民群众生命财产安全。为了治理黄河与淮河，历朝历代投入了大量的人力物力。

水是农业的重要生产资料，修建水渠对发展农业起到非常重要的作用。为了保障农业生产，古代修建了诸多水渠，灌溉农田。有时候修建水渠、水库，修筑堤坝既可以起到防洪作用，又能灌溉农田，一举多得。

二、 交通基础设施

古代交通基础设施建设包括修建陆路和水路，贯通东西南北，对经济贸易乃至国家的治理都非常重要。

陆路交通基础设施建设主要是修路架桥，修筑驰道、驿站，构成了陆路交通基础设施网络，这对我国的政治统一、经济运输发挥了重要作用。

水路交通基础设施建设主要是疏通航道，开通运河，比较著名的运河有大运河与灵渠。水路运输（以下简称水运）成本较低，对农产品、手工产品的运输与贸易有着重要的作用。大运河使粮食能够运输到北方地区，对北方的政治经济稳定功不可没，有效地保证了国家的长治久安。灵渠则沟通长江流域与珠江流域，对秦朝统一岭南地区起到了非常重要作用。

三、 城乡基础设施

城乡基础设施主要是为了满足城乡居民生活需要而修筑的公共设施，包括路网、水电气暖、学校、医院、超市、公共建筑等。以北京城为列，从辽代开始修建北京城作为陪都，古代北京城的建设，有很多文物史料可以证实，北京历经金、元、明、清等朝代的建设，如今不仅是国家首都，而且还是国际化大都市。在北京城的建设过程中，包含着历代对城市基础设施的精巧设计，从城市道路、水系、园林设计，到现代的道路管网铺设、无线电通信设施等，既体现了设计者的精妙设计，又体现了历史演进的脉搏。

四、 古代国防设施

虽然国防设施并不是严格意义上的基础设施，但在广义上是公共设施，需要耗费国家财力，为全民共享。国防设施有利于抗击外敌入侵，有利于保护国家和人民财产，是国家经济发展的必要条件。国防设施在古代典籍中有诸多记录，本章仅作简要介绍。

古代典籍记录的诸多国防设施的建设，比较重要的有长城、各地城防设施（城墙、护城河）、驰道等。不同的朝代也有不同的国防基础设施。比如，在北宋年间，国家由于失去了燕云要地，国防失去了山脉的保护，边境只能退守到河北中部平原地带。面对无险可守、北方游牧民族袭扰的境况，中央政府在边境平原地带大量种植树木，树林虽然不能阻挡骑兵的入侵，但是可以有效地减缓骑兵的入侵速度，成为有效而又非常特殊的国防设施。长城的作用主要在阻碍外敌入境，同时，传递北方游牧民族入侵的信息。北方游牧民族居无定所，来去无踪，很难攻打。如果攻打草原上的游牧民族，需要耗费大量的人力物力，而且不一定能够找到踪迹，难以取得战果。即使赢得战争，在经济上也得不到利益。相衡之下，修筑长城，把边境确定在农业区和游牧区的边界，派部队戍边则可以较好地稳定边防，成本小得多，因此修筑长城成为历代王朝的理性选择。只有在汉武帝、明成祖等少数时期，才会主动到漠北寻找、攻打北方游牧民族。

第二节　古代基础设施建设的重要历史片段

本节以历史顺序为脉络，分两部分进行分析。第一部分从上古年代到西汉武帝年间，介绍重要基础设施建设的史实，评议基础设施对于经济增长、社会进步的作用。第二部分是隋朝年间，重点评议基础设施带来的社会成本，及其可能对社会造成的冲击。

一、　上古至西汉：　基础设施建设促进经济增长是主流

1. 相关历史典籍

《山海经》是中国较早的一部古籍，其作者以及成书时间有多种说法，难以考证。该书记录了古代中国的传说、地理、古史等方面的内容，也涉及基础设施建设的部分，但是神话色彩较重，传说成分较多，只能作为参考。

《左传》相传是春秋鲁国左丘明为《春秋》写注解的史书，是中国第一部叙事详细的编年体史书，对研究先秦历史很有价值。《国语》相传也是春秋时期左丘明的著作，是中国第一部国别体史书。这两部书具有较高的文学价值，但是其作者是否为左丘明还存在疑问。

中国的正史以二十四史为代表，是可信的历史传记。《史记》是中国历史上第一部纪传体通史，被公认为二十四史之首，记载着上古黄帝时代至汉武帝太初四年共计三千多年间的历史，所记录的历史被公认为是历史事实。《史记》作者司马迁对收集的材料进行了认真分析与筛选，删除一些明显不可靠的事，对一些存在疑问的问题，也同样以阙疑的态度进行描写。

在《史记》里，历史描述从夏朝开始就有了较为详尽、可信的记录。《史记》分为本纪、表、书、世家和列传五部分，本纪和列传是主体，在本纪、列传中虽然也有一些关于基础设施建设的记录，但是基础设施建设主要记载于"书"这一部分，"书"叙述着那个时代的制度发展，包括了礼乐制度、天文兵律、社会经济、河渠地理等方面内容。在《史记》的第二十九卷、"书"的第七部分则是《河渠书》，是中国第一部水利通史，叙述了上古至当时的水利设施建设情况，总共有 25 件事，其中防洪 6 件，水路运输 3 件，水利灌溉 11 件，水运与灌溉 5 件，所涉及的河流包括黄河、长江、淮河与小清河及其支流。《河渠书》对夏朝至西汉武帝年间的水利建设有较为详尽的记录。古代的基础设施里，水利设施占据着重要的

地位，是关系农业生产、防汛抗旱、水陆交通等方面的国家大事。司马迁指出："甚哉，水之为利害也。"他深刻认识到水的利与害两方面，也就是如果用得好，水则为利，如果用不好，水则为害。他所指的主要是治水的技术，在现代的科技条件下，水利技术已经有了极大的提高，因此本书重点要研究的是基础设施投资的经济问题，成本和收益问题也是基础设施建设的利与害。

2. 上古之时： 共工与大禹治水

上古之时，大致是三皇五帝时期。随着部落、邦国的产生，有了集体与公共的意义，就必然需要有公共产品，以供集体使用，比如公用的道路、堤坝、水井等。而基础设施作为部落、邦国的公共产品不断被建设，在古代典籍中有不少记录。《山海经》《左传》《国语》等历史典籍都记载着治水的故事。

共工氏是上古时期专门从事水利建筑的世家，共工又是官职名称，共工氏建设水利设施，治理黄河水害，筑堤蓄水，发展农业，有多次治水的事迹。从历史记录上看，共工氏治水采用堵洪水的办法并不成功。

《河渠书》记载了夏朝创立者大禹治理黄河水患与修路的故事。当时黄河经常泛滥，长江到了夏季也时常发生水患。大禹治理黄河洪水前后达十三年。他一边修建连接华夏九州的道路，一边堵住华夏九州的湖泽。这相当于在全国九州修筑了道路，又修筑堤坝堵住了全国湖泊的泛滥。对于江河的泛滥，有堵与疏两种办法。大禹使用疏通的办法来治理江河的泛滥，用堵的办法为湖泊修筑堤坝。这个办法在今天看来依然正确。以大邳以上黄河流经的地区为例，那里地势高，水流湍急，数次冲毁堤坝，酿成水灾，于是大禹开挖了两条河渠将黄河分流。利用河流疏通的办法，使得湖泽分洪，各个邦国都得到安宁。大禹治理水利的工事一直发挥作用，延续了夏商周三个朝代。

当然，上古时代的记录有些可能仅仅是传说，而不一定真实。《尚书·禹贡》记载着大禹疏九河，其功绩之大，可能有夸张的成分，但是从成绩或者收益看，大禹肯定是做了防洪治水的工作，这有利于保护国家与人民的生命财产安全；从成本看，虽然史书并没有描述，但是从禹开创夏朝，延续近五百年的功绩，以及史书对大禹的评价来看，当时的治水应该没有给国家造成沉重的经济负担。所以大禹治水在技术与经济上都是成功的。

3. 春秋战国时期的水利设施建设

从春秋战国开始，史书对水利基础设施建设有更多的记载。当时，各诸侯国为了争霸大业，在政治上推行变法，大力发展农业。当时经济发展水平处于以农业为主的阶段，农业强，则经济强。经济强，则有了打仗的基础，则国家强。各国为了强国，就必须发展农业。水作为农业的重要生产资源，就引起治国者的高度重视，想方设法建设水利基础设施，更好地发展农业，实现强国的理想。水利一方面可以用于防灾减涝，另一方面可以用于蓄水灌溉。

当时，人们对基础设施建设技术进行了很好的总结。齐国相国管仲的著作《管子·度地篇》对灌溉工程技术、堤防工程技术和水利工程的组织施工和管理都做了比较系统的论述，管仲对桓公说："故善为国者，必先除其五害。……水，一害也；……五害之属，水最为大。五害已除，人乃可治。"这说明，当时国家已经了解水利对社会治理、经济发展的重要性，非常重视水利基础设施建设。

本节下文以《史记》的《河渠书》为依据，评述基础设施对于古代经济增长、社会进步的作用。

春秋之时，中原各诸侯国建设了诸多运河用于交通。荥阳城郊修筑了运河——鸿沟，把多个诸侯国联结起来，方便了交通运输。楚地东部修建了水渠连通长江和淮河。吴地修通了水渠连通三江和五湖，构建了河渠交通网。齐地修通了连接菑水和济水的水渠。到了战国时代，水利基础设施除了用于交通外，还为华夏九州广大地区提供了灌溉条件，使各诸侯国的农业经济得到长足发展，促进华夏经济文明的进一步发展；同时也使各诸侯国国力增强，为统一全国的战争提供了物质条件。

比较著名的有魏国与秦国的案例。魏国西门豹修筑水渠，引入漳水灌溉邺地农田，使得魏国的河内地区富足起来。秦昭王时期，李冰父子主持修筑了都江堰工程，该工程发挥着减灾、通航和灌溉的作用，成就了川西平原沃野千里。这一时期人们广泛进行农田水利建设，开凿的小沟渠数目不计其数。

修建基础设施能否促进经济增长，利国利民？这在当时可能就有争议。有的人认为可以强国富民，也有的认为消耗国力，导致国家衰败。如前所述，秦国重视修筑水利基础设施。秦王嬴政时期，秦国国势强盛，六国都很害怕。韩国听说秦王有修筑水利设施的爱好以后，认为修建水利设施需要耗费大量的财力民力，可能会在短时间内消耗秦国的国力，使其不能侵略东边的国家。于是派出水利专家郑国做间谍，游说秦王修建一条水渠，从中山开始引泾水，西至瓠口，依北山向东流入洛水，全长三百多里，用以灌溉田地。秦王嬴政接受了郑国的意见，秦国开始修筑这条水渠。在修筑水渠的过程中，秦王发现了郑国的计谋，想将其杀害；郑国辩解说，自己虽然一开始是间谍，但是后来发现修这条渠能够造福秦国，故而劝说秦王将这条渠修下去。秦王认为有道理，让郑国把河渠修完。河渠修完以后，引来泾河水，灌溉了四万多顷盐碱地，使得亩产达到六石四斗。为纪念郑国的功绩，这条渠被命名为郑国渠。它成就了关中沃野，秦国因此更加富强起来。秦国最终能够吞并各诸侯国，究其原因，与其超强的经济实力不无关系。从而可见，郑国渠的修建是成功的。不过，郑国渠的修建是从秦王嬴政（公元前 246 年）开始的，历经十多年才完成。从公元前246 年到公元前 236 年这段时间，秦国并没有对外发动大规模的侵略战争。究其原因，有可能是因为这段时间秦王没有亲政，也可能是因为正在修建郑国渠，需要耗费巨大的人力物力，让秦国当时没有能力攻打韩国，比较符合郑国的说法——修建此渠是"为韩延数岁之命"。

总的来说，古代水利工程有防洪、灌溉、航运等三方面功能。史书上记录的一个航运例子是在公元前 486 年，吴王夫差开始修建运河"邗沟"，开凿从扬州到淮安的运河，起到运送粮食和货物的作用，很好地促进了南北贸易发展。

总结上述水利工程的经验，可以得到三方面的结论。

第一，对于农业生产来说，假如土地和人力都充足，而农业基础设施落后、资本投入不足，那么农业基础设施投资有利于自然条件较差（如干旱）的土地增收，也有利于那些土质不好的地区改良水土条件，促进农业增产增收，从而实现农业产业发展、经济增长、富民强国等宏观目标。在资本投入较少的情况下，只要建设得当，基础设施资本投入的边际效益将较大，可以取得较好的经济效益。

第二，基础设施是较大的工程，需要有较强的国力作支撑。从现有的历史记录看，较大规模的水利工程主要发生在秦国、魏国、楚国等诸侯国，只有这些国家有实力投资大规模的基础设施工程。

第三，基础设施投资风险较大，投资成功则促进经济增长，失败则可能导致削弱国家力量。虽然《河渠书》里记录的大多都是成功的案例，但这并不等于历史上所有的工程项目都是成功的。基础设施投资如果项目设计得当，则功在当代，利在千秋，即成本发生在当代，所产生的收益则是长期的。如果没有足够的国力支撑其当期的支出，而产生的收益又不能很快回收，就有可能对当代造成较为严重的成本负担，这种成本负担甚至有可能冲击社会的稳定，导致国家的衰败，所以韩国认为修建大规模的河渠有可能消耗秦国国力，使其衰弱而无法攻打韩国；即使不成，也能暂时拖住秦国，延缓其侵略韩国的速度。韩国当时使用了这个计谋来对待秦国，这说明在当时或者之前，可能曾经发生过基础设施项目投资失败的教训，不恰当的基础设施投资建设，可以使国家背上沉重的负担，走上衰弱的道路。当然，这一计谋并不成功，对韩国来说也如同饮鸩止渴，郑国渠的修建使秦国更加强大，韩国的灭亡更加成为必然。

4. 秦汉时期的水利设施建设

秦统一六国以后，从诸侯国变成了统一的国家，开始了大规模基础设施建设。第一，建设水利防洪设施。全面整顿堤防，修筑了系统的黄河堤坝。第二，修建运河，方便运输。由于岭南地区地形险阻，军粮运输困难，于是在公元前 219 年开凿灵渠以通航运，灵渠沟通了湘水和漓水，也就沟通了长江流域和珠江流域。第三，建设国防设施，包括修建长城与公路。在北方把燕、赵、秦三地的长城连接起来，万里长城初具规模。派军队修建通往南方的道路，并驻守在岭南地区。

汉朝建立以后，国家一直不断努力修建水利设施，有成功，也有失败。黄河水患不断，人们在与自然灾害的搏斗中演进，治理黄河、修筑基础设施有成功的经验，也有失败的教训。汉朝初年执行无为而治的治国方略，不过多动用民力修建基础设施。到了汉武帝时期，开始大规模扩大公共支出，修建基础设施。由于黄河水患不断，武帝时期修建了诸多治水设施。武帝元光年间，黄河又在瓠子决口。当时的大司农建议开凿渠道引渭水从长安沿着南山到达黄河，得到武帝同意，挖掘了水运渠道漕渠，用以水运和灌溉。后来河东太守潘系又建议皇帝开挖河渠引汾水灌溉皮氏、汾阴一代的土地，引黄河水灌溉汾阴、蒲坂的土地，认为可以改造与灌溉土地五千顷。皇帝也同意了，于是发动数万人修渠造田。然而几年过后，黄河改道，水流不足，种地的收成还不足以弥补种子等成本费用，河东的渠田就此荒废。由此看出，这项河渠修建工程并没有达到预期的效果，技术上没有估计到黄河改道，导致河渠来水不足，只能废弃；在经济上，收益不足以弥补数万人修渠造田的成本支出，可以算是失败的工程项目。还有一些工程项目也有类似的情况，虽然预期良好，但是完工以后也达不到预期的目标。

汉武帝时期修通的河渠非常多，朔方、西河、河西、酒泉等地都引黄河水和川谷水灌溉田地。关中修建了辅渠、灵轵渠，从汝南、九江两郡引来淮水，从东海郡引来钜定泽的水，从泰山脚下引来汶水，这些开凿的渠道都可以灌溉万余顷的土地，其他小的水渠就不计其数了。但从现代的科学考察，由于地球大气气候的变化，陕西地区日渐干旱，没有足够的降水来承载越来越多的农田耕种，即使修建再多的河渠，意义也不大。

当时汉武帝时期的基础设施投资建设多，发动的战争也比较多，透支了太多的国力，汉武帝时期成为西汉由盛转衰的转折点。

太史公司马迁登高望远感叹道：甚哉，水之为利害也！即水既能使人获益，又能使人受伤害。同样地，基础设施之为利害也！

从上古到西汉修建基础设施的历史记录看，有成功的案例，也有失败的案例。失败的案例是因为技术不成熟，设计方案有问题，从而导致工程项目失败。成功的案例既在技术上成功，也在经济上成功。基础设施如果设计和施工得当，项目运行以后，将可以有效地促进经济增长、社会稳定和进步。

二、 隋朝：超出财政实力的基础设施建设有可能成为导致国家经济衰败和社会快速动乱的推手

1. 隋朝的基础设施建设史实

后世朝代修建基础设施比较多的时代发生在隋朝。隋（公元581—618年）是五胡乱华、晋室南渡以后重新建立起来的统一王朝，结束了两百多年的南北分裂，天下初定。

文帝、炀帝是两代很有作为的皇帝。文帝采取了减免赋役、轻徭薄赋的政策，开创了繁荣局面，史称"开皇之治"。炀帝即位以后，雄心壮志，力图做一代有为之君。他使用"大业"作为年号，取之于《易经·系辞上》的"盛德大业至矣哉，富有之谓大业，日新之谓盛德"，可见炀帝对创业的大业之雄心。

《隋书》是二十四史中记录隋朝历史的典籍。该书是魏征等人于唐朝武德四年（公元621年）至贞观三年（公元的629

年）编写的，所记录的史实具有较高的可信度，但是不排除由于唐取代隋而立，为了获得政治的正确性而故意抹黑隋朝，对炀帝的行为存在夸张或者虚构描述。

《隋书》中《帝纪第一》（高祖上）与《帝纪第二》（高祖下）两篇记录隋文帝（高祖）杨坚的历史。文帝在位之时（公元581—604年）做了统一全国与治理国家两方面工作；鉴于南北分裂二百多年，连年征战，民生困苦，国库空虚；统一天下以后，文帝轻徭薄赋、倡导节俭，以解民困。经过多年的努力，国家统一，社会安定，民生富庶，粮食充裕，开创了历史上著名的"开皇之治"。文帝年间兴建的基础设施建设不多，比较著名的仅有兴建大兴城（长安城）等。

《隋书》中的《帝纪第三》（炀帝上）对炀帝执政初期的建设有一些记录。下文将以该书为依据，介绍其中的基础设施建设，并作相应的分析。隋朝第二代皇帝隋炀帝（世祖）杨广执政的初期，兴建的基础设施较多，消耗了巨量的民资民力，民怨沸腾，社会迅速陷入动乱。大业七年（611年），农民起义爆发，起义军迅速壮大，多地发生起义，迅速发展到全国范围，天下大乱。大业十四年（618年）三月，炀帝在兵变中被杀。登基不到十四年，王朝就迅速衰败覆灭。

炀帝大力推进基础设施建设，可以归纳为三个方面。

第一，修建新城。仁寿四年（公元604年）十一月，炀帝即位仅四个月，就开始策划营建东都洛阳（古代亦称为东京）。东都洛阳新城工程浩大，需要修建多种基础设施相配套，并修建气派的皇宫。第二年（大业元年）三月，炀帝命令尚书令杨素等人动工营建东京。与此同时，又在卑涧营建显仁宫，于是在全国各地搜集珍奇的禽兽和花草树木，经过长途跋涉运输到显仁宫，装扮皇家园林。新城需要人口，于是命令将豫州城下的居民迁移到洛阳，作为新城的第一代居民；同时还把全国各地几万家富商迁移到洛阳城。这样就使得洛阳城的居民结构既有富人，又有普通老百姓作为劳动力，总人口数应该有几十万。这与当今社会各地修建新城，吸引人口的做法颇为类似。不过在经济不发达的古代，在洛阳城内为几十万人口建设房地产，以及各种配套设施，还有奢华的皇宫，所耗费的人力物力巨大。龚书铎（2012）指出当时每月征用民工二百万。

到了炀帝执政的中后期，大业九年三月爆发了农民起义，国家还派十万成年男子改建大兴城（唐朝时改名为长安城）。隋文帝在建立隋朝之时，就定都于长安城，这是汉代所修建的长安城旧城。开皇二年起，隋文帝在长安城附近另外修建了一座新城，命名为大兴城。炀帝就是对大兴这座新城进行了扩建改造。估计工程量远远没有新修建洛阳城那么巨大，当时天下已乱，能动员的人力物力就不及大业初年之时修建洛阳城那么大。

上述两项工程征用的民工数量可以粗略地估算有 210 万人之多。

第二，修建交通设施，包括大运河（史称隋朝大运河）与陆路。大业元年（公元 605 年）三月，隋炀帝派人开始挖掘通济渠，从西苑把谷水、洛水连接到黄河，从板渚引黄河水通向淮河；需要劳动力则就近征调黄河以南各郡县的男女民工一百多万人。通济渠全长约 650 公里，流经当今河南、安徽和江苏三省。同年又发动十多万民工，疏通了春秋时期吴王夫差所修建的邗沟旧渠，该渠全长近 200 公里。大业四年（公元 608 年）正月初一，正是新春佳节，炀帝下令在黄河以北各郡征调一百多万男女民工开挖永济渠，引沁水南到黄河，北通涿郡。永济渠流经当今河南、河北、山东、天津、北京等三省二市，全长近一千公里。炀帝及其团队接二连三地征调中原地区民工修渠，工作效率极高，但是同时也引起了民愤。永济渠的开通，大大方便了南北的交通，促进货物贸易与经济发展，但是当时社会物质匮乏，可能没有办法形成很多贸易往来，对促进当时的经济增长意义不会很大。大业六年（公元 610 年），重新疏通和扩建了长江以南的运河古道，开通江南运河。早在春秋时期的吴国，就开凿了太湖附近的水渠。三国的东吴，在当时的首都建康（现南京）与太湖流域、长江流域这些地方，就开凿了破冈渎与上容渎等水渠。江南运河就是在这些古渠道的基础上修建的，全长 300 多公里，疏通邗沟，可能也要发动民工 20 多万。如果把史书上的 100 多万人以 150 万人计，十多万人以 15 万人计。四段运河的修建，粗略地估计发动了民工数量总计 340 万人。

总之，隋炀帝在执政的早期，耗时六年，通过新建、疏通、扩建的办法开通了通济渠、邗沟、永济渠、江南运河，贯通形成大运河，史称隋朝大运河。大运河主要具备航运功能。从长远看，大运河的修建促进了物资运输，推动南北方贸易的开展，促进农业以外的其他产业发展，对经济增长具有重要的推动作用。

在修建陆路方面，《隋书》上记载当时修通了通达并州的驰道。大业三年，征调黄河以北十几个郡的成年男子作为民工，开凿穿越太行山的驰道。当时所征用的十余郡民工人数在 20 万左右，而且所修建的陆路可能也不止这一条。

第三，修建防御军事设施，保卫国家。军事设施一是壕沟，二是长城。在仁寿四年（公元 604 年）下半年，炀帝即位之初，就派人征调几十万成年男子挖掘壕沟。壕沟从龙门开始，向东连接长平、汲郡、临清关，过黄河，一直延伸到浚仪、襄城，最后到达上洛。这个壕沟是用来设置关卡的，以加强防卫。

文帝、炀帝两代都修建了长城，炀帝年间的记录主要有两段。大业三年七月，征调 100 多万名成年男子修筑长城，工程自西向东，从榆林至紫河，只修了十天就停止了，约有五六成的民工死亡，即至少有 60 万的成年男子死于这项工程。猜测其原因大致有三方面：一是工程导致的意外，二是劳累而亡，三是因惩罚而亡。60 万以上劳动力死亡，可见当时统治之严酷，可以与秦末陈胜吴广起义之时相比。大业四年七月初十，征调成年男子 20 余万人从榆谷向东修筑长城。壕沟与长城两类工程所征集的民工粗略地估计为 225 万人，而且死亡、伤病的民工也很多。

隋炀帝在位期间所修建的工程浩大，新建与扩建新城两座、修建运河四段全长 2700 公里、陆路至少一条、长城与壕沟等军事设施两项。这些都是在大业元年到九年，短短九年期间完成的。工程之浩大，时间之短暂，死亡民工之多，让人感受到当时的疾风骤雨、民怨沸腾。在现有历史记录上，对于所需要的劳动力数量记录并不详细，但是如果我们进行粗略的估算，这些工程直接使用民工约 795 万人，其中有大量的民工在工程中死亡。如果进一步考虑工程所需要的配套材料，以及为这些劳动力提供生活物质必需品所需要的劳动力就更多了。

把工程所征调的劳动力与全国人口进行比较。隋朝年间的人口数量有一定的记录。根据《通典·食货七》记载，大业二年（公元 606 年）有八百九十万零七千五百三十六户。《通典·食货二》记录开皇九年（公元 589 年）全国统一之时，垦田总共一千九百四十万零四千二百六十七顷（引自《中国古代经济史稿（魏晋南北朝隋唐部分）》）。滕泽之（1988）认为大业二年全国的人口数量为 4601 万，粗略估计男子 2300 万。在当今社会，一般来说，劳动力人口（15～59 岁）不足总人口的七成。再考虑到古代人寿命较短，那么当时健康、有劳动能力的成年男子数量应该低于 1500 万，根本不足以修建这些基础设施。有些工程（比如永济渠与通济渠）的修建在史书中就明确标明男女民工并用，说明当时大部分的成年男子不够征用了。古代交通运输不便，征用劳动力可能就主要征集工程附近的民工，工地集中的中原、北方和江南，可能已经征用完能够征用的大部分成年男子和女子，连女子或者未成年人都需要上战场或者工地。老百姓不是在工地上，就是在战场上，田地荒芜是可以想见的，很可能爆发饥荒。

2. 隋朝快速覆灭的原因分析

《隋书》等多部典籍对隋朝覆灭的原因进行了分析总结。作者魏徵认为其"负其富强之资，思逞无厌之欲，淫荒无度，骄怒之兵屡动，土木之功不息……征税百端……"就是说隋炀帝的失败主要是因为贪得无厌、荒淫无度、连年征战、大兴土木、苛捐杂税等。后世唐人多认为隋朝的灭亡与大运河的修建有关。

本书只同意魏徵的一半观点。第一，"贪得无厌、荒淫无度"的罪名并不成立。《隋书》里描述了炀帝游江南的奢华场景，游船竟有二百里长，场面之夸张有悖常理，甚至有故意抹黑的嫌疑。如上所述，炀帝即位之初，就开启了雄心勃勃的基础设施项目工程，浩大的工程是在九年内完成的，而绝大部分（包括大运河项目）是在六年内完成的，这期间还有很多对外征战，而大业七年农民起义就爆发了。短短的六年时间内，历史留给炀帝的工作时间非常短暂，炀帝作为基础设施建设与对外征战两个系统性工程的总负责人，应该是非常忙碌与焦虑的，在这种工作背景下，炀帝不太可能有太多的精力与兴趣沉迷于游玩之中。此外，史书上记载，隋炀帝仅有四子二女，在历史上的皇帝中算是很少的，与古代普通百姓相比也不算多。"贪得无厌、荒淫无度"的罪名并不成立，更不是隋朝快速覆灭的原因。第二，导致隋朝快速衰败的原因有过度的基础设施建设、连年征战与苛捐杂税，即同意魏徵关于"骄怒之兵屡动，土木之功不息……征税百端"是隋朝覆灭的原因。《隋书》并没有详细地介绍战争所涉及的人员数量与费用，考虑到用兵对象的规模，除了琉球较小以外，其他六场战争的用兵规模应该是少则几万，多则几十万人，合计起来，应该也有百万之多。但是与基础设施建设所用的约 800 万人数相比，则显得较少。不过，虽然战斗人员不多，但是战争背后支援人员应该是战斗人员的数倍，所以用于战争的人员也有几百万之多。即便以当今的国力与工程技术水平来看，隋朝所进行的基础设施项目，都是非常巨大的工程。两大系统性工程除了耗费人力以外，物力财力的消耗也是非常巨大的，国家财政不够，又没有对外融资渠道，因此只能增加税收，以弥补工程的费用缺口。因此，可以认为，隋朝快速衰败的原因主要在于为了在短时间内完成巨大的基础设施项目建设，对人民征收过多的税费。战国时代的韩国就想让秦国也走这条路，但是未能成功，反而让秦国更加强大。究其原因，还是在于秦国当时修建郑国渠，虽然前后修建了十年，但郑国渠全长仅300里，财政与劳役的负担强度与隋朝大业年间相比，还是相差很远的，秦国能够承受起郑国渠所需要耗费的人力物力，而不至于像隋朝一样快速灭亡。

第三节　对古代基础设施投资的经济学分析

一、各种基础设施投资的收益分析

从收益的角度分析隋朝的基础设施投资。新城、交通、国防、水利这四方面基础设施对经济增长、社会稳定都具有贡献。

1. 新城建设

新城建设可以创造很多项目和商品的需求，从需求端通过乘数效应推动经济增长。从供给端看，新城的构建可以产生诸多企业，产品相近的企业聚集在一起，将产生产业与前后产业链，同时也由于地理位置的相近催生产业集群，触发多方面的聚集效应。一是专业化分工。大兴、洛阳城两座城市的扩建与创建，形成了几十万人口的市场规模，使得专业化分工成为可能。专业化分工通过"干中学"，有利于减少劳动时间、人力资本积累、物质资本积累、掌握新技术，提高生产效率。二是形成规模经济。市场规模的扩大促进产量提升，使得单位成本下降。三是形成范围经济，通过前后产业链的联动效应降低成本。四是使得企业之间保持竞争与合作的活力，促进企业创新技术、降低成本。五是形成社会资本方面的优势。多个企业与众多人口的聚集，可以形成比各企业和个人的社会资本简单加总更大的、可共享的社会资本。通过促进生产要素向新城集聚，使城市具有内生发展的动力。总之，新城建设促进了产业与城市的发展，能有效降低成本，促进技术进步，推动经济增长与社会进步。

2. 交通基础建设

隋朝大运河以洛阳为中心，北达涿郡（今北京附近），南通余杭（今杭州），为南北方人员、货运往来提供了便利，有效降低了交通成本、贸易成本；同时也有利于军需物资、军队的运送。开通通达并州的驰道也与此类似，带动了关中地区的发展，促进了经济贸易交往。一是有利于国家政治稳定。通过水陆运输，让粮食物资实现南粮北运，便于边境人员的调配，有利于加强中央对地方的控制力，为维护国家的长久统一做出了积极贡献。二是有利于国家经济发展。水陆路从南方修到北方，贯通南北方以及中部和东部，在当时可能是为了便于各地将物资运输到洛阳，但是客观上使得南北方的物资贸易便利化，让后世统一全国经济贸易市场，在全国范围内形成专业化分工，各地的产业专业化发展，为国家经济逐渐走向繁荣富强奠定良好基础。总之，交通基础设施的修建有利于促进经济增长、社会进步。

3. 军事设施建设

中原地区早在周朝时期，就受到北方游牧民族的袭扰，虽然汉武帝时期痛击了匈奴，但是并没有完全解决问题。军事设施的修建虽然不一定可以直接促进经济增长，但是可以有效地保卫国家和人民财产安全不受袭扰，保证生产正常进行，也是间接地促进经济增长、社会进步。

4. 水利设施

上古至秦汉时期，全国各地修建了许多水利设施，用于防洪、灌溉，促进了农业发展。水利设施建设对粮食的产量增长贡献明显，直接推动国家经济增长。《隋书》对水利设施建设的记录较少，主要在于当时全国大部分劳动力已经被调往工地或者战场，农业建设得不到重视。

二、 基础设施建设的成本分析

新城、交通与水利基础设施建成之后，可以有效产生经济效益，逐渐地弥补建设成本。而军事设施并不能直接产生经济效益，只能依靠财政税收弥补建设成本。上古到秦汉时期的基础设施建设成本或人力，没有在史书中得到详细记录，只能凭借史实做一些推论，下面主要分析隋朝的基础设施建设成本。

1. 总成本分析

炀帝年间的基础设施项目投资巨大，建设时间紧，有如疾风骤雨。在大业元年到大业六年间，每年的基础设施建设都要耗费巨大的成本，虽然能够使后世千百年受益，功在当代，利在千秋，收益细水长流。而项目产生的收益并不是立竿见影的。在短期内项目的成本与收益不匹配，因而产生巨大的亏空。在没有巨量融资市场的情况下，基础设施项目只能依靠国家的财政支持，为了解决财政赤字，采取增税、拖欠货款或者强征暴敛等措施，无偿征用民间劳力和物资。从项目的容量看，财政赤字的可能性非常巨大，当时没有纸币发行，也不存在通过通货膨胀收取铸币税的方法，国家不得不征收苛捐杂税。

从投资的挤出效应看，巨大的基础设施投资挤占了正常的生产性投资。800万民工被征用到工地进行建设，形成了巨大的劳动力缺口，导致农业生产缺乏劳动力，大量的田地荒芜，农业歉收。基础设施投资从物资资本方面也挤占了其他产业的投资，同样产生挤出效应。基础设施投入运营所产生的效益，在短时间内可能不足以弥补农业等产业的歉收。巨量的苛捐杂税和大量征用民工，使得大业年间国家的经济负增长，总量迅速下降，社会退步，民怨沸腾。基础设施投资与建设如果不得当，超过社会承受能力，就有可能导致经济倒退。

2. 生产力要素配比分析

隋朝属于农业社会，农业发展水平较低，粮食供应水平低，不能支持起发达的工业与商业，产值与就业人口均以农业为主。新城与水陆路交通设施都只有在粮食剩余、工商业较为发达的情况下，才能更充分地发挥作用。在工商业资本少的情况下，大量投资基础设施为工商业配套，并不能很好地发挥作用，生产要素的配置达不到帕累托最优，反而会导致经济倒退。

3. 长短期分析

从短期分析看，基础设施投资的成本—收益分析是负收益。基础设施一次性投资巨大，回收缓慢，短期内是负收益的。当时，经济倒退，社会动乱，王朝快速覆灭。从长期看，随着社会的进步，工商业发展，农业的剩余粮食增多，货运贸易增加，大运河逐渐产生效益。长期收益有可能弥补其成本，成为利国利民的千秋伟业，但是这需要以社会承受能力为前提，可以采取缓慢建设的方法，或者通过融资途径（这在隋朝是不可能的）。基础设施对经济增长的作用有短期与长期分析两种方式，有可能得出不同的结论。

第四节　基础设施投资在历史上的经验教训

关于上古至西汉与隋朝的基础设施建设，虽然留存的历史记录并不多，但是已经展现了基础设施投资的历史经验，可供借鉴。基础设施投资有时候会促进经济增长，比如像秦国修筑水渠的那些案例，甚至郑国渠那样的项目看似凶险，但最终还是使得秦国受益。基础设施有时候不一定能够产生收益，基础设施投资有时候还会产生巨大的经济、社会与政治风险，导致经济倒退，比如隋朝宏大的基建项目。

基础设施投资对于经济增长产生什么样的作用？能不能促进经济增长？并没有绝对确定的结论，而是有条件的。基础设施投资促进经济增长，起码需要满足三方面的条件。第一，技术上要可靠。古代防洪失败案例、修筑水渠而淤泥堵塞的案例并不少见。第二，基础设施投资必须有利于优化生产资源配置。基础设施是一种生产要素，一定要符合产业发展的需要，符合生产力的发展阶段，实现资源配置的帕累托最优，不能超越历史阶段。在自由市场经济里，可能比较容易达到；但是基础设施投资往往是政府行为，就不容易实现资源的优化配置。

基础设施投资对经济增长的作用并不确定，要做成本—收益可行性分析，考虑短期、中期与长期的成本—收益情况。作为经济学分析，忽略技术方面的问题，那么优化资源配置就是基础设施促进经济增长的前提条件。第三，基础设施投资必须考虑社会承受能力，适可而止，不可以过多地占用劳动力与资源的投入。当基础设施没入不足时，适当地进行基础设施投资，将会促进经济增长。当基础设施投资占国民经济比例过大时，将对社会资源产生挤出效应，从而阻碍经济增长。

　　基础设施投资需要有合适的制度环境。从隋朝的案例看出，皇帝好大喜功，可能容不得任何不同的意见和建议，也谈不上做可行性分析，从而使得过度投资问题无法得到纠正，最终使国家和人民都受损。基础设施投资需要有合适的制度环境，以保证科学决策，合理投资、建设和运营。

　　从朝代周期律的角度看，基础设施建设在时间上存在一定的规律。朝代初创，天下初定，第一代君王亲身经历前朝的灭亡，吸取其惨痛教训，登基以后不敢大兴土木建设基础设施。比如，西汉之初的文景之治、隋朝的开皇盛世、唐朝的贞观之治时，君王深知百姓的困苦，个人节俭，不敢有大规模的公共支出，老百姓身上的赋税较轻，天下太平。若干年后，天下积累了一定财富，后世的君主登基，想有所作为成为一代英主。于是，开始大搞建设或者对外用兵。如果支出适度，也还可以有好的效果，能够让王朝维持下去，甚至建立丰功伟业；如果程度把握不好，就有可能成为朝代由盛转衰的转折点（汉武帝时期），甚至可能导致朝代快速覆灭（例如隋炀帝时期）。有的君主没有把握好分寸，把应该在几代人完成的事业在一代人的时间内完成，让老百姓的赋税和徭役负担太重，对社会造成极大冲击，造成社会动荡，民不聊生，加速了改朝换代。君主需要慎之又慎，在社会公共利益与公众个人利益之间，在短期效益与长期效益之间做出平衡。

第四章　基础设施投资与经济增长数理模型分析

第一节　引　言

基础设施对经济增长的作用，既有正面影响，又有负面作用，需要充分考虑多种因素，才能综合判断基础设施投资对经济增长的作用。

一、　基础设施对经济增长的正面作用

如果基础设施存量增加，将通过三种途径形成合力推动经济增长。

1. 提高可利用的生产资源数量

基础设施作为生产要素，与实业资本、劳动力等其他要素相配套，共同形成生产力，这是基础设施在推动经济增长方面所起到的最重要作用。基础设施在产品的不同环节中发挥不同的作用，帮助其他生产要素发挥作用投入生产。在生产环节中，供水、供电、供暖这类基础设施是企业生产所必备的，与企业机器设备、劳动力、原材料等要素共同生产出产品。在流通环节中，如原材料的进货与产品的出厂运输，交通基础设施发挥着不可替代的作用。只有当基础设施完备，才能使其他生产要素在生产发挥作用。

实业资本、劳动力与基础设施之间要有一定的配比关系。如果基础设施数量既定，能够在生产中使用的实业资

本、劳动力的数量就有定的上限。比如，如果交通运输不畅，生产的产品从工厂运输出去的运量受到限制，这个限度就决定了工厂的实业资本与劳动力的投入量的上限。如果基础设施存量增加，那么可利用的资本与劳动力投入量的上限就能得到提高。

作为生产要素，基础设施的质与量对企业所生产的产品质与量都具有影响。比如，电力供应的稳定性影响产品的产量和质量；类似，供水的质量也会影响某些产品的质量，水量大小影响产量高低；道路的质量与数量、铁路运输的时速都会影响产品的运输速度，从而影响商品的供应量，甚至影响某些保质期较短产品的质量。一般基础设施的质与量与基础设施的投资量直接相关，可以用其代表。

2. 劳动力素质增长的作用

除了上述水电气暖等公用设施可以直接作为生产要素以外，基础设施还涉及教育、卫生等方面，这些设施并不是企业生产所必需的生产要素，但是这些基础设施可以提高劳动者的教育文化水平，使劳动者拥有健康的身体和劳动能力，从而提高有效劳动时间和单位时间劳动质量。其传导机制是：提高基础设施存量→提高有效劳动水平→提高企业产品的产量。因此，可以认为教育文卫等方面的基础设施也可以促进产量增长。

3. 生产率增长的作用

水电气暖、城市道路等公用基础设施的修建，将促进产业与人口的集聚，通过产业集聚的作用产生溢出效应，包括降低运输成本、提高劳动力质量、增加技术外部性与群体的协同作用等，这种溢出效应的产生将改变企业的生产函数，提高生产效率，从而推动经济增长。

基础设施的修建有助于拉近企业之间、人们之间的空间距离，有助于降低市场交易中的契约成本、谈判成本等交易成本，从而也有助于提高生产率。

4. 通过乘数效应、乘数—加速数影响产出

从短期看宏观经济，在总产出未达到潜在产出之时，增加基础设施投资，增长劳动力需求、基础设施相应的材料与机器设备需求，拉动总需求，将可以提高总产出，并且通过乘数效应更进一步地提高总产出。

从周期看宏观经济，基础设施投资也是一种资本投入，导致宏观经济周期的产生。乘数—加速数机制会使得基础设施投资对宏观经济产生周期性作用，经济增长的波动性变大。

2013年之后的一段时间，很多地方政府为了控制政府债务风险，适当控制了基础设施投资量，地区生产总值的增长率疲弱。

二、 基础设施对经济增长的负面作用

基础设施由公众使用，具有公共产品的属性。基础设施投资与建设以往主要由国家完成，所有权也归国家。如果基础设施投资额度不大，国家只需使用税收收入，基础设施投资纳入一般预算内，即可支付投资额。在这种情况下，基础设施投资只需要在预算内对支出项目做出结构性调整，对居民消费没有挤出效应。如果政府对基础设施投资额超过了公共预算收支时，只能在预算外通过多种途径进行融资。由此，政府的实际支出大于预算收入时，将对宏观经济产生挤出效应，具体体现在挤占实业投资与居民消费，可能产生负面影响。

当包括基础设施投资在内的政府实际支出大于税收时，政府可以通过五种方式弥补缺口。一是以适当的利率面向企业与居民发行债券，吸引企业与居民购买，这将会不同程度地挤占企业的投资与居民消费。二是直接发行货币或者由中央银行向政府提供融资，这将扩大基础货币与相应的货币供应量，对金融市场带来直接的冲击，造成通货膨胀，造成居民生活成本上升，挤占居民消费。现在《中国人民银行法》规定，人民银行不得对政府财政透支，不得直接认购包销国绩和其他政府融资。三是通过政策性或者商业性贷款向银行融资，或者以融资

租赁、信托、债券转让等方式向相应类型的金融机构融资。这种融资方式虽然不会对社会造成直接冲击，但考虑到还款的难度，有可能影响金融机构的资产质量。四是采用赊账的办法进行融资，拖欠企业或者居民的工程款。企业被政府拖欠工程款，有时被逼无奈，又不得不拖欠其他企业的款项和农民工工资，产生债务链条、三角债和信用问题。这些都将可能挤占企业投资与居民消费。五是出售垄断性特殊商品进行筹资。比如向房地产企业出售土地使用权，让其开发房地产。

1. 挤占实业投资

基础设施建设，需要使用土地、物资资料与劳动力，与企业生产投资相类似。有些基础设施项目建成之后，比如发电厂、供水厂、热力厂，可以作为企业来运营。在国民收入的总盘子中，基础设施投资与企业的实业投资一起构成总投资，基础设施投资增加，将会占用原本有可能成为企业投资的土地、物资资料与劳动力，减少了实体经济的产出；同时增加总需求，有可能产生经济过热、通货膨胀等问题。

基础设施投资所挤占的资源中，劳动力是重要的组成部分。现代社会的基础设施建设需要有雇佣一定的劳动力。在古代，很多时候则采用徭役的方式无偿使用劳动力。隋朝的基础设施建设占用了大部分劳动力，造成社会动荡，国家改朝换代。将原本可以用于农业、工业和商业中的这些劳动力转入到基础设施建设中，必然会导致社会总产出降低。在古代，一项基础设施项目工程经常需要使用数万人乃至数百万人，这就导致大量的耕地缺乏劳动力进行耕种，从而极大地影响国家的农业产出，可能会对社会有较大的冲击作用。在现代，虽然由于机械化，基础设施项目工程需要的劳动力比古代要少很多，但是现代的基础设施项目更庞大，总体雇佣的劳动力人数仍然较多，这将挤占企业的用工，也会加剧用工难、用工贵等问题，导致企业生产要素投入不足，并提高企业的生产成本，降低企业产出。

2. 挤占居民消费

弥补缺口的五种方式都会挤占居民消费。第一种方式是最好的，即发行国债，但是其使用有限度，因为企业与居民的购买力有限。这是国际社会的通行做法，中国同样也发行国债。同时，还有不同形式的债券，都是由政府或者政府控制的机构发行的，主要目的是为政府融资。比如，财政部在 2011 年就出台了《2011 年地方政府自行发债试点办法》，上海市、浙江省、广东省、深圳市成为地方政府自行发债试点地区。这四个地方政府后来都发行了地方债券。各地方政府还设置各种建设公司、融资公司，向这类公司注入土地等资产，主营城市基础设施建设和经营、房地产开发建设及其他业务，还可以向金融机构融资，在证券市场上发行城投债、中期票据，很多地方政府通过这种形式进行了融资。如果地方政府可以向金融市场融资，那么资金市场需求旺盛，从而导致利率上升。虽然现在的法律规定政府财政不许在一级市场直接向中央银行透支或者直接向中央银行发行国债；但是中央银行可以在二级市场上买入政府债券，释放货币，使利率下降，多方获得资金，央行由此获得了"央妈"的美誉。中国的 M_2（货币与准货币）在 1990 年为 15293.4 亿元，2002 年为 185007.0 亿元，到了 2015 年高达 1392278.1 亿元。1990—2002 年的 12 年间，货币供应量（以 M_2 测算）增长 12.10 倍，年均增长 23.09%。2002—2015 年的 13 年间，货币供应量（以 M_2 测算）增长 7.53 倍，年均增长 16.80%。1978 年 CPI（居民消费品价格指数）为 100，1990 年为 216.4，2002 年为 433.5，2015 年为 615.2。1990—2002 年 CPI 指数增长 2.00 倍，年均增长 5.96%。2002—2015 年 CPI 指数增长 1.42 倍，年均增长 2.73%。GDP（国内生产总值）指数以 1978 年为 100，1990 年为 282.7，2002 年为 889.7，2015 年为 3014.9。1990—2002 年的 12 年间，GDP 增长 3.15 倍，年均增长 10.03%，2002—2015 年的 13 年间，GDP 增长 3.39 倍，年均增长 9.84%。1990—2012 年，M_2 的增长率高于 GDP 与 CPI 增长率之和 7.1%，2002—2015 年 M_2

的增长率高于 GDP 与 CPI 增长率之和 4.23%。虽然 M_2 增长率不绝对等于 GDP 与 CPI 增长率之和，但是可以作为参考，可见 CPI 增长率不一定能够完全反映实际的、所有商品的价格走势。有的观点认为，货币供应量的快速增长所积累的货币存量，大部分进入了房地产领域，而房价增长并没有计算进入 CPI 之中，通货膨胀率可能被低估了。有一种直观的感觉：2000 年以前东南沿海工厂里工人的工资普遍在每月 300 元左右，那时候每月 300 元可以生活，如今每月 300 元完全不够基本生活开支。当前农民工的工资普遍在 2000 元以上，这才能维持基本的生活开销。即使国家统计局的 CPI 统计数据是准确的，但由于房价的上升，使得居民收入用于买房、租房的开销快速上升，这也会挤占正常的生活费用。第一种融资方式使政府背上债务，并不能过多地使用，许多国家对此都有严格限定。《欧洲联盟条约》就规定了欧元区国家政府公共债务不能超过国内生产总值的 60%，财政赤字不能超过国内生产总值的 3%。其他弥补财政收支缺口的途径，将在第八章进行详细论述。

总之，基础设施投资的大幅度增长可能导致政府不得不提高货币供应量，从而抬高房价和 CPI，降低居民的实际收入与消费能力，在短期内导致总需求下降，对总产出有负面影响。另外，从长期看，这也将导致居民在卫生、医疗、教育方面的消费下降，降低了人力资本的投资，降低人们的教育水平和身体健康水平，导致社会总体人力资本下降。同时，由于生活成本的提升，导致人口再生产成本的上升，也影响人口增长率，将导致企业的劳动力供应不足，降低企业产出，对经济增长有负面影响。

3. 生产要素价格上升

正如上述那样，扩大基础设施投资有可能推动总需求与货币供应量增加，提升了 PPI（生产价格指数），推动生产资料价格和工资上升，生产成本上升，导致总供给的下降。同时也有可能削弱本国产业在国际市场中的竞争力。

第二节　数理模型

基础设施是企业生产、人民生活、社会运转的必需品，但是其投资也需要花费大量成本，通常由国家财政或者社会公众负担。利弊相衡，适当的基础设施存量与增量对企业生产、国民经济起推动作用。当基础设施的存量与增量过大时，一方面其边际效益下降，另一方面将挤占企业投资、企业劳动力与居民消费，造成实业资本与劳动力的不足，有可能削弱企业生产力与国民经济。那么，基础设施应该投资多少，才能使国民经济获得最快的增长？这就需要分析、比较基础设施对企业生产、国民经济的推动与阻碍作用。下面将使用数理模型分析基础设施对经济增长作用的机理，揭示基础设施投资推动经济增长的最优点。

一、　生产函数假定

生产力是由多种生产要素有机构成且共同作用而形成的。前文从多个角度分析了基础设施对产出、宏观经济的影响，下面使用数理模型分析两者的关系。为了简便起见，忽略其中的若干影响，作如下三方面的假定。

假定1：企业生产以 $f(G)$ 为生产函数。所需的生产要素由技术（A）、劳动力（L）、实业资本（K）和基础设施（G）构成，并且互相配搭才能形成生产力，共同作为生产函数的自变量。

一般情况下，基础设施的作用与实业资本类似，遵循以下规律：

当基础设施存量 $G=0$ 时，$f(G)=0$，即不管其他生产要素有多少，只要基础设施存量为0，产量都为0，其含义为：基础设施是生产的必要条件。

$f'(G)>0$，表明基础设施越多，产量越大。

$f''(G)<0$，表明基础设施的边际产量递减。如果只增加基

础设施存量，其边际产量将逐渐递减。

假定2：基础设施的作用只考虑其作为生产力，那么基础设施符合稻田条件（Inada，1964）的假设。具体来说，$\lim\limits_{G \to 0} f'(G) = \infty$，在基础设施足够小的时候，其边际产量非常大。在改革开放初期，与密集的劳动力相比，基础设施存量很小：道路狭小拥挤，经常停电，货运与客运能力都十分紧张。营建发电厂、修筑公路可以获得很好的效益，可以快速地提高产量，从而对经济增长起很大的撬动作用。

$\lim\limits_{G \to \infty} f'(G) = 0$，当基础设施存量足够大的时候，增加基础设施投资，所起的作用为0。当企业的供水供电很充足、运输很方便时，增加供电厂、供水厂或者道路设施建设，对于提高企业产量没有帮助，对全社会生产也没有帮助。

假定3：生产函数符合柯布-道格拉斯函数形式。

由上述三方面的假定，借鉴 Barro（1990），设置企业 i 的生产函数如下：

$$Y_i = AL_i^{1-\alpha} \cdot K_i^{\alpha} \cdot G_i^{1-\alpha} \tag{4-1}$$

其中，$0 < \alpha < 1$。A 为技术水平。$A > 0$，表示对生产具有正向作用。

式（4-1）意味着每个企业中，如果基础设施固定不变，劳动力 L_i 和实业资本 K_i 具有不变规模报酬。如果劳动力 L_i 固定不变，那么实业资本 K_i 将面临投资收益递减。如果基础设施 G_i 能够随着实业资本 K_i 的上升而同时上升，那么产量的收益 Y_i 递减将不会出现。如果劳动力存量 L_i 固定不变，K_i 和 G_i 具有不变规模报酬。基础设施 G_i 的增长将增加劳动力 L_i 与实业资本 K_i 的边际产品。

二、 生产投入的演化

生产函数中，产出与技术、劳动力、实业资本、基础设施的存量在时间上连续，产出与生产要素随时间而变化。模型的所有变量在每个时间点上具有定义，对变量 X 加入时期因素，

那么 $X(t)$ 表示 X 在 t 时期的流量。

假定4：基础设施投资不影响科技教育投资，因而不影响科技水平的增长。给定技术、劳动力、实业资本、基础设施的初始水平，技术以不变的增长率增长：

$$\dot{A}(t) = \frac{\mathrm{d}A(t)}{\mathrm{d}t} = gA(t) \tag{4-2}$$

$\dot{A}(t)$ 表示技术关于时间的导数。技术的增长率等于 g，g 为恒定的外生参数。于是技术的增长率等于其自然对数的增长率，即

$$\frac{\mathrm{d}\ln A(t)}{\mathrm{d}t} = \frac{\mathrm{d}\ln A(t)}{\mathrm{d}A(t)} \cdot \frac{\mathrm{d}A(t)}{\mathrm{d}t} = \frac{\dot{A}}{A(t)} = g \tag{4-3}$$

三、 宏观经济支出法

对于具有众多企业的宏观经济来说，将具有如下的总产出函数：

$$Y = AL^{1-\alpha} \cdot K^{\alpha} \cdot G^{1-\alpha} \tag{4-4}$$

注意，这是总产出函数，与式（4-1）不同。

在 t 期中，总产出函数的形式将变为：

$$Y_t = A_t L_t^{1-\alpha} \cdot K_t^{\alpha} \cdot G_t^{1-\alpha} \tag{4-5}$$

假定5：政府的所有支出都用于基础设施投资。基础设施投资使基础设施存量 G 增长。

于是，对于 t 期的产出，从支出法的角度来分析宏观经济恒等式，那么总产出函数的形式为，

$$Y_t = I_{Kt} + I_{Gt} + C_t \tag{4-6}$$

各部分的支出对总产出进行分配。一是企业投资，I_{Kt} 表示 t 期所有的企业投资。二是基础设施投资，I_{Gt} 表示 t 期的基础设施投资，这里也意味着存在政府支出。三是所有居民消费，C_t 表示 t 期的居民消费。

消费与产出具有线性关系，b_t 为 t 期的边际消费倾向。

$$C_t = b_t Y_t \tag{4-7}$$

式（4-7）代入式（4-6），得到：

$$Y_t = I_{Kt} + I_{Gt} + b_t Y_t \qquad (4\text{-}8)$$

假定6：实业资本 K 以不变的速率 δ 折旧，因此，

$$I_{Kt} = K_t - K_{t-1} + \delta K_{t-1} \qquad (4\text{-}9)$$

式（4-9）中，$K_t - K_{t-1}$ 亦可用 ΔK_t 表示，即表示实业资本存量的变化。在宏观经济中，实业资本总投资分为两个部分：一部分（ΔK_t）用于增加实业资本，另一部分（δK_{t-1}）用于弥补原有的实业资本折旧。

假定7：基础设施 G 以不变的速率 v 折旧，因此，

$$I_{Gt} = G_t - G_{t-1} + vG_{t-1} \qquad (4\text{-}10)$$

与企业投资类似，$G_t - G_{t-1}$ 亦可用 ΔG_t 表示，即表示基础设施存量的变化。基础设施总投资分为两个部分：一部分（ΔG_t）用于增加基础设施存量，另一部分（vG_{t-1}）用于弥补原有的基础设施存量折旧，包括对基础设施的维修维护。

对于式（4-8），结合式（4-9）与（4-10），将其对时间求导数，可以得到总产出在时间上的变化：

$$\dot{Y}(t) = \dot{K}(t) + \delta K(t) + \dot{G}(t) + vG(t) + b\dot{Y}(t) \qquad (4\text{-}11)$$

可得，

$$\dot{Y}(t) = \frac{1}{1-b_t}[\dot{K}(t) + \delta K(t) + \dot{G}(t) + vG(t)] \qquad (4\text{-}12)$$

令

$$s_t = 1 - b_t \qquad (4\text{-}13)$$

s_t 表示 t 期的边际储蓄倾向，边际储蓄倾向与边际消费倾向一样，都是可以随着宏观经济政策的变化而变动的变量。如上述分析，基础设施投资额如果过大，大大超过了政府的收入，有可能影响通过通货膨胀或者强制性推销国债的方式解决政府的收支不平衡。居民不得不减少消费，节衣缩食，消费与储蓄行为都发生变化。边际消费倾向与边际储蓄倾向都会随着基础设施投资额的变化而变化。将式（4-13）代入式（4-12），得：

$$\dot{Y}(t) = \frac{1}{s_t}[\dot{K}(t) + \delta K(t) + \dot{G}(t) + vG(t)] \qquad (4\text{-}14)$$

对于式（4-5）求产出对时间的导数，可得：

$$\dot{Y}(t) = A_t L_t^{1-\alpha} K_t^{\alpha} G_t^{1-\alpha} [A_t^{-1}\dot{A_t} + (1-\alpha)L_t^{-1}\dot{L_t} + \alpha K_t^{-1}\dot{K} + (1-\alpha)G_t^{-1}\dot{G_t}]$$

$$(4-15)$$

政府基础设施投资对居民消费有挤占效应。居民消费对于家庭的人口增长、人力资本的支出都有影响。比较直观的例子是，如果物价太高，实施全面二孩政策以后，很多人不愿意生育二孩。此外，物价太高对个人教育培训以至人力资本的支出也会造成影响。政府基础设施投资占总产出的比重对边际储蓄倾向或者边际消费倾向有影响，而劳动力的增长率是边际储蓄倾向或者边际消费倾向的函数，设定政府基础设施投资在总产出的比重为h_t。

$$s_t = X(h_t) \tag{4-16}$$

$$\frac{\dot{L_t}}{L_t} = \Phi(s_t) = P\left(\frac{I_{Gt}}{Y_t}\right) = P(h_t) \tag{4-17}$$

政府基础设施投资对居民消费乃至对企业投资都有挤占效应，上文已经较为充分地说明了这一点。实业资本的增长率是实业资本折旧率δ、边际储蓄倾向的函数。而实业资本折旧率δ是常数，于是

$$\frac{\dot{K_t}}{K_t} = N(s_t,\delta) = N(s_t) = I(h_t) \tag{4-18}$$

将式（4-2）、式（4-17）、式（4-18）与式（4-8）代入式（4-15），可得

$$\dot{Y}(t) = Y_t[g + (1-\alpha)P(h_t) + \alpha I(h_t) + (1-\alpha)G_t^{-1}\dot{G_t}] \tag{4-19}$$

式（4-14）与式（4-19）分别从生产和支出的角度表示经济增长。联合式（4-14）与式（4-19），可得：

$$Y_t = \frac{\dot{K}(t) + \delta K(t) + \dot{G}(t) + vG(t-1)}{X(h_t)[g + (1-\alpha)P(h_t) + \alpha I(h_t) + (1-\alpha)G_t^{-1}\dot{G_t}]}$$

$$(4-20)$$

式（4-20）表示 t 期中，总产出与实业资本增量、基础设施增量之间的关系。在 t 期中，总产出可以由实业资本增量、基础设施增量决定。

Y_t 表示 t 期中的产出，式（4-20）亦可表示为离散型函数，用 $\Delta K(t)$ 代替 $\dot K(t)$ 表示 t 期中的实业资本的增量，用 $\Delta G(t)$ 代替 $\dot G(t)$ 表示 t 期中基础设施存量的增量。于是，式（4-20）可表示为：

$$Y_t = \frac{\Delta K(t) + \delta K(t) + \Delta G(t) + vG(t-1)}{X(h_t)[g + (1-\alpha)P(h_t) + \alpha I(h_t) + (1-\alpha)G_t^{-1}\Delta G(t)]}$$

(4-21)

在 t 期中，基础设施投资中弥补的折旧部分是必须付出的，所以基础设施投资可以变化的只能是增量部分，即 $\Delta G(t)$。而且，基础设施投资对企业新增投资有挤出效应。于是，可以令 Y_t 对 $\Delta G(t)$，得到：

$$\frac{\partial Y_t}{\partial \Delta G(t)} = \frac{\frac{\partial \Delta K(t)}{\partial \Delta G(t)}s_t[g+(1-\alpha)n+\alpha\delta+(1-\alpha)G_t^{-1}\Delta G(t)]}{X^2(h_t)[g+(1-\alpha)P(h_t)+\alpha I(h_t)+(1-\alpha)G_t^{-1}\Delta G(t)]^2}$$

$$-\frac{[\Delta K(t)+\delta K(t)+\Delta G(t)+vG(t-1)]\frac{\partial X(h_t)}{\partial \Delta G_t}\left[(1-\alpha)\frac{\partial P(h_t)}{\partial \Delta G(t)}+\alpha\frac{\partial I(h_t)}{\partial \Delta G(t)}+(1-\alpha)G_t^{-1}\right]}{X^2(h_t)[g+(1-\alpha)P(h_t)+\alpha I(h_t)+(1+\alpha)G_t^{-1}\Delta G(t)]^2}$$

(4-22)

式（4-22）中，分母肯定大于零，$\frac{\partial Y_t}{\partial \Delta G(t)}$ 的正负符号由分子决定。令分子为 U，当 $U>0$ 时，产出随着基础设施增量的扩大而增加；当 $U<0$，产出随着基础设施增量的扩大而减少；当 $U=0$ 时，Y_t 取得极大值，即总产出获得最快的增长，供给与需求也获得均衡，这是最优均衡的增长。

第三节 模型的进一步分析

上述数理模型从支出与产出的角度综合分析了基础设施增

量对总产出的影响。当基础设施适度增长时，国民经济总产出将获得较快增长。

宏观经济恒等式用于核算 GDP。如果不考虑对外收支，收入法的生产总值等于消费、储蓄与政府税收之和，支出法的生产总值等于消费、投资与政府支出之和。无论是支出法还是收入法的恒等式构成，都是对总产出的分配，都是对总产出的需求。本书从生产要素的角度来分析总产出，使用生产函数从供给端来分析经济增长，使用支出法从需求端分析经济增长。

一、 供给端上的基础设施

从供给端来看基础设施，是将基础设施作为一种生产要素，考察其在总产出中的贡献。如上文所述，借鉴 Barro（1990），以柯布-道格拉斯生产函数作为函数形式，如式（4-5）所示。与基础设施相配套的生产要素主要有生产技术、劳动力和实业资本。下面考察中国劳动力与实业资本的情况。

1. 基础设施投入大幅度增长

中国当前的基础设施存量已经比较大，具体的情况将在第五章中分析；当前的基础设施增量情况也将在第七章中说明。各地的基础设施投资不受一般预算收入的约束，可以运用融资、让建设方垫资、卖地等方式进行投资，地方的融资看似有风险，实际是被兜底。由于存在多种办法解决资金来源，各地官员对基础设施的控制力较强。从 2008 年实施"一揽子计划"以后，各地的基础设施投资大幅度增长。现在，在中西部和东北地区一些城市修建了诸多新城，虽然马路宽阔，但有些地方人迹罕至。

2. 劳动力供给增长缓慢甚至有所下降

今后若干年内，经济社会的一大特征是劳动供给增长缓慢甚至可能下降。在计划生育、经济长期中高速增长、长期通胀、养育孩子成本高企的背景下，中国人口增长缓慢。2005—2013 年，人口增长率连续下降，至 2013 年人口自然增长率只有 4.92‰。2013 年，中央出台单独二孩政策，人口自然增长

率也只是在 2014 年微升为 5.21‰，2015 年又很快下降为
4.96‰。2015 年 10 月，中央宣布实施全面二孩政策，但对促
进人口增长效果不大。2016—2018 年，人口自然增长率分别
为 5.86‰、5.32‰、3.81‰。随着经济发展与一孩政策的坚
持实施，生育一个孩子已经成为人们的普遍共识。在教育、医
疗产业化的背景下，收入分配结构恶化，以生活成本为衡量标
准的通胀率居高不下，养育孩子的成本越来越高，收入处于中
低端的人们生育意愿更低，即使国家放开计划生育政策，人们
也不太愿意生育较多的孩子。虽然 2016 年已经在全国实行全
面二孩政策，但是在人口的更替率必须大于 2 的条件下，如果
不尽快放开计划生育或者实行更为宽松的鼓励生育政策，未来
人口的下降是必将出现的事实。在人口增长缓慢的大背景下，
劳动力增速亦随之减缓。2014—2018 年的全国就业总人数年
增长率为 3.59‰、2.53‰、1.96‰、0.48‰、−0.70‰，五年
间就业人员增长率下降了 4.29‰，2018 年出现了就业人员总
数下降的现象。如果以新增劳动力普遍在 18 岁就业，对应
1996—2000 年的人口自然增长率为 16.98‰、16.57‰、
15.64‰、14.64‰、14.03‰。五年间人口增长率下降了
2.95‰。考虑到全国老龄化日趋严重，以及企业招工难问题，
就业人员总数下降主要是由于人口增长率下降导致的。因此，
全国各地关于用工难、用工贵的报道层出不穷。尽管随着科技
进步，生产对劳动力的需求也在下降，比如机器人的使用，有
可能抵消劳动力供给下降的一部分负面效应，使得有效劳动不
至于下降得太厉害，但是劳动力从供过于求向供不应求变化的
总体趋势不变。

3. 实业投资增长乏力

在总投资中，除去基础设施投资以外的实体经济投资增长
乏力，具体数据将在第八章中说明。2013 年以后，国家多次
出台政策刺激实体经济投资，但是依然难以奏效。这其中有实
体经济投资被挤占的原因，也有市场需求不旺的因素。

生产要素推动产出增长，仅当基础设施存量不足时，大幅

度增加基础设施，才能较为有效地促进经济增长。在当前的形势下，各地基础设施存量较大，而劳动力与企业投资增速的下降，基础设施投资过多，面临投资边际收益下降的问题，导致投资不经济。这就是式（4-5）在现实中的经济学意义。

二、 需求端上的基础设施

考察需求端上的基础设施，需要分析基础设施投资在国民经济总支出结构中的情况，即式（4-14）的情况。在总需求结构中，居民消费、政府在基础设施上的投资与企业投资构成了国民经济的分配结构。一般情况下，政府在基础设施方面的投资需要量力而为，使得政府支出和财政收入相匹配，即使有一定的财政赤字，也不能过大。在成熟稳定的市场经济国家中，政府在基础设施投资上都是量力而行、适可而止的。在 Barro（1990）、Solow（1965）、Swan（1956）等的经济增长模型中，人口、技术的增长率不变，边际储蓄倾向与边际消费倾向也都是常数。但是，如果政府可以轻易举债，货币供应量大规模扩大时，就可以大规模扩大基础设施投资。或者有时候，有些地方政府为了进行大规模基础设施建设，向公众筹钱。以一个报道为例，多年以前，沿海省份的某县领导为了修路，发动了一场"全民战争"：当地每个财政供养人员必须扣除工资总额的10%，在高峰时，扣款达到20%；离退休人员也未能幸免，也被扣除工资总额的10%用于交通建设；每个农民出8个义务工，组成修路队。三年后，当地公路建设成绩斐然，交通条件大幅度提高。当政府投资较大时，在国民经济的支出分配结构中，居民消费将有可能被压缩。居民的边际消费倾向、边际储蓄倾向是变量，由于居民的消费被压缩，所以用于人力资本的投资将受到影响，老百姓用于教育、医疗的钱就少了，生育意愿也可能降低，这就会影响劳动力或者有效劳动这一生产要素的增长。

基础设施在民用方面的需求将下降。由于人口增速下降，对民用基础设施的需求增量也随之下降。交通道路、居民用水用电，甚至如学校、医院等公用事业的需求都与人口数量相关。在人口增长下降的情况下，民用基础设施的需求量增长不大。如果大幅度增加民用基础设施，比如大量修建高铁、中小学校、大学城、医院，都有可能造成设施空置浪费。

本章的数理模型放松了传统模型的约束条件。本书的观点是，并非不能突破政府财政收入规模而进行大规模基础设施，相反，这也有可能促进经济增长，比如，当基础设施存量过低时，在某一段时期内，大规模实施基础设施建设有可能获得较高的边际收益，有利于促进经济增长；但是基础设施投资应该规模适度，而不是越大越好。

基础设施投资在短期内对经济增长可能会有一定的作用，但是受到边际收益递减、挤出效应等方面的限制，其推动经济增长的作用有限。如果基础设施投资不受约束，政府债务必然高企，影响国家财政与金融的稳定。当前经济增长不快，有的学者认为还应该继续加大基础设施投资，有的学者认为应该放松银根支持建设，这些观点都离不开传统的财政与货币政策。笔者建议冷静分析，比较利弊后再做出判断。

三、　基础设施在供给端与需求端上的均衡

基础设施投资增量多少，应该从供给端与需求端，联立基础设施的供给函数与需求函数，结合基础设施存量、折旧率等相关因素综合衡量，才能寻找适合经济长期最快增长的基础设施最优投资规模。这也是上述模型分析的结论，即式（4-22）的结论。基础设施投资的需求与供给给出了实现最优经济增长的基础设施投资增量，即经济增长的均衡点。当基础设施投资大于均衡点时，扩大基础设施投资增量，将会降低经济增长。当基础设施投资小于均衡点时，扩大基础设施投资增量，将会促进经济增长。

为了便于分析，上文在理论模型分析中，预先忽略了很多其他因素。在真实经济中，基础设施的需求还受到人口结构、产业结构、资本与技术、区域差异，以及基础设施的建设周期

与使用寿命的影响，应该综合考虑这些因素，才能够全面、科学地分析基础设施投资的最优规模。

基础设施投资的供给与需求两端都应该适应经济社会的需求、承受力。基础设施投资是功在当代、利在千秋的大事，应该综合考虑现实与长远的需求，科学地论证，耐心地建设，切不能急功近利、急于求成，为了一时的政绩或者由于急躁的心理而盲目加大基础设施投资力度，或者超前建设，这使经济增长率低于长期潜在增长率。

本章的分析只是理论分析。就中国的国情而言，各地情况相差很大，还应该结合本地实际情况，才能分析、判断本地的基础设施最佳投资量。

第五章 中国基础设施建设与使用效率分析

本章借鉴 Canning（1998）的研究，从中国大陆整体和省级地区两个角度分别分析中国改革开放以来基础设施的建设与使用效率。由于交通基础设施是基础设施的重要方面，同时也容易获得相关的数据，因此，本章主要以交通基础设施为例，通过基础设施存量变化分析中国改革开放以后基础设施的建设情况，从交通运输市场的发展分析交通基础设施的使用效率。

第一节　全国交通基础设施建设与使用情况

为了研究全国交通基础设施的建设与使用情况，笔者从历年《中国统计年鉴》获得相关数据。到本书写作时间为止，迄今出版的最新资料为《中国统计年鉴 2019》。按照《中国统计年鉴 2019》的数据资料，交通基础设施包括公路、铁路、水运、民航、输油（气）管道。可以从其中获得 1978—2018年 GDP、CPI 指数，以及运输总体与公路、铁路、水运、民航、输油（气）管道的存量与使用数据，但是由于其中客运周转量、货运周转量以及相应的运输距离在 1978—1989 年的数据中有若干年份的数据缺失，因此使用《新中国五十年统计资料汇编》① 一书中的 1978—1989 年相应的数据。两份年

---

① 国家统计局国民经济综合统计司编：《新中国五十年统计资料汇编》，北京：中国统计出版社，1999 年。

鉴资料的数据有若干年份是重合的，两者的数据大部分一致，除了公路货运周转量 1978—1989 年相差较大以外，其他数据均为一致或者相差在 1%以内。

为了分析全国国内生产总值（GDP）与基础设施的相关情况，需要使用不变价格测度 GDP。

不变价格 *GDP* = 当年价格 *GDP/CPI* 指数，CPI 指数以 1978 年为基期。

一、 全国交通运输事业发展情况

（一）总体情况

1978 年以来，中国交通基础设施获得了大幅度发展，推动国民经济持续快速增长。同时，国民经济增长也支撑了交通基础设施投资与建设的增长，全国交通运输事业也获得了相应的发展。1978—2018 年全国客运与货运的总体情况如表 5-1 所示。

如表 5-1 所示，1978 年改革开放以来，至 2018 年的 41 年间，中国大陆的经济、城镇化、交通运输发生了翻天覆地的变化。GDP（国内生产总值）、人口总量、城镇化率、客运与货运周转量等指标都大幅度增长，这些宏观经济指标的增长标志着交通运输市场与宏观经济增长相伴而行。客货运周转量和 GDP 两项指标的下降标志着国民经济对交通运输的依赖性降低，经济结构变得"轻型化"。旅客运输平均运距变长，说明人们走得更远了。近年来，货运周转量增长缓慢，甚至出现下降的现象，从 2016 年起又重新上升；客运周转量在 2012 年到达高峰以后，从 2013 年开始，就徘徊不前，从 2016 年又重新上升。展望未来，在人口低速增长，人口老龄率上升，宏观经济进入中低速增长的情况下，宏观经济、社会生活对交通的需求增长缓慢，甚至有可能出现业务量下降、总量供过于求的问题。

表5-1　1978—2018年全国交通运输总体情况

年份	GDP(1978年=100)	人口总量/万人	城镇人口占比/%	旅客周转量/亿人公里	旅客运输平均运距/公里	货物周转量/亿吨公里	货物运输平均运距/公里	货运周转量/GDP	客运周转量/GDP
1978	100	96259	17.92	1743	69	9829	395	98.29	17.43
1979	107.6	97542	18.96	1968	68	11385	212	105.81	18.29
1980	116	98705	19.39	2281	67	12026	220	103.67	19.66
1981	121.9	100072	20.16	2500	65	12143	232	99.61	20.51
1982	133.1	101654	21.13	2743	64	13049	238	98.04	20.61
1983	147.8	103008	21.62	3095	66	14054	244	95.09	20.94
1984	170.5	104357	23.01	3620	68	15694	219	92.05	21.23
1985	192.9	105851	23.71	4437	72	18126	243	93.97	23.00
1986	209.6	107507	24.52	4897	71	20148	236	96.13	23.36
1987	233.9	109300	25.32	5411	72	22228	234	95.03	23.13
1988	260.3	111026	25.81	6209	77	23825	243	91.53	23.85
1989	271.4	112704	26.21	6075	77	25591	259	94.29	22.38
1990	282.7	114333	26.41	5628	73	26208	270	92.71	19.91
1991	308.7	115823	26.94	6178	77	27987	284	90.66	20.01

续表

年份	GDP (1978年=100)	人口总量/万人	城镇人口占比/%	旅客周转量/亿人公里	旅客运输平均运距/公里	货物周转量/亿吨公里	货物运输平均运距/公里	货运周转量/GDP	客运周转量/GDP
1992	352.1	117171	27.46	6949	81	29218	279	82.98	19.74
1993	399.9	118517	27.99	7858	79	30647	275	76.64	19.65
1994	452.1	119850	28.51	8591	79	33435	283	73.95	19.00
1995	494.5	121121	29.04	9002	77	35909	291	72.62	18.20
1996	544.5	122389	30.48	9165	74	36590	282	67.20	16.83
1997	596.6	123626	31.91	10055	76	38385	300	64.34	16.85
1998	640.3	124761	33.35	10637	77	38089	301	59.49	16.61
1999	691.4	125786	34.78	11300	81	40568	314	58.68	16.34
2000	751	126743	36.22	12261	83	44321	326	59.02	16.33
2001	811.8	127627	37.66	13155	86	47710	340	58.77	16.20
2002	889.7	128453	39.09	14126	88	50686	342	56.97	15.88
2003	982.9	129227	40.53	13811	87	53859	344	54.80	14.05
2004	1086.2	129988	41.76	16309	92	69445	407	63.93	15.01
2005	1204.6	130756	42.99	17467	95	80258	431	66.63	14.50

续表

年份	GDP(1978年=100)	人口总量/万人	城镇人口占比/%	旅客周转量/亿人公里	旅客运输平均运距/公里	货物周转量/亿吨公里	货物运输平均运距/公里	货运周转量/GDP	客运周转量/GDP
2006	1364.9	131448	44.34	19197	95	88840	436	65.09	14.06
2007	1565.6	132129	45.89	21593	97	101419	446	64.78	13.79
2008	1723.4	132802	46.99	23197	81	110300	427	64.00	13.46
2009	1870.6	133450	48.34	24835	83	122133	432	65.29	13.28
2010	2064.2	134091	49.95	27894	85	141837	438	68.71	13.51
2011	2249.9	134735	51.27	30984	88	159324	431	70.81	13.77
2012	2444	135404	52.57	33383	88	173804	424	71.11	13.66
2013	2618.4	136072	53.73	27572	130	168014	410	64.17	10.53
2014	2836.2	136782	54.77	28647	141	181668	436	64.05	10.10
2015	3016.8	137462	56.1	30059	155	178356	427	59.12	9.96
2016	3219.1	138271	57.35	31258.46	164.50	186629.48	425.44	57.98	9.71
2017	3447.8	139008	58.52	32812.80	177.50	197372.65	410.78	57.25	9.52
2018	3663.3	139538	59.58	34218.15	190.76	204686.24	397.24	55.87	9.34
2018年与1978年之比	36.63	1.45	3.32	19.63	2.76	20.82	1.01	0.57	0.54

旅客运输周转量与货物运输周转量在 41 年间都得到了大幅度增长，与此相伴而行的是经济总量大幅度提高；城镇人口占人口的比例提高，很多人逐渐脱离农村、农业，更多的人迁移出去谋生、上学，尤其是春运因素，提升了人们对客运的需求，对货运可能也有一些影响。同时，中国的产业结构也发生变化，改革开放以来，第一产业增加值在国民经济的比重呈现总体下降的趋势，第二产业的比重在初期呈现增长的趋势，但是在 20 世纪 90 年代到达高峰以后，就逐步走低，呈现倒 U 型的趋势，而第三产业总体上呈现增长的态势，尤其是近年来更是稳定增长，在 2015 年超过第二产业，成为国民经济的主导产业。

（二）客运与货运周转量的影响因素分析

1. 模型设定

为了分析旅客运输周转量与货物运输周转量的影响因素，使用弹性分析方法，设置以下模型：

$$\ln 旅客运输周转量 = \ln 人口总量 + \ln GDP +$$
$$城镇人口的百分比 + 第三产业比重 +$$
$$随机干扰项 \qquad (5\text{-}1)$$
$$\ln 货物运输周转量 = \ln 人口总量 + \ln GDP +$$
$$城镇人口的百分比 + 第三产业比重 +$$
$$随机干扰项 \qquad (5\text{-}2)$$

2. 回归结果

使用表 5-1 中的相关数据，以及《中国统计年鉴 2019》的第三产业比重数据，对式（5-1）与式（5-2）进行拟合分析，回归结果如表 5-2 所示。

查阅德宾－沃森（DW）检验表，可知当显著性水平为 0.01 时，DW（5,40）的 $D_L = 1.048$，$D_U = 1.584$。所以模型（5-1）、模型（5-2）的 DW（5,41）$<D_L$，通过了 D-W 检验，拒绝正的自相关假定，表明模型不存在（一阶）正自相关，可以使用表 5-2 的估计结果。

表 5-2　旅客运输周转量与货物运输周转量的影响因素

因变量	ln 旅客运输周转量		ln 货物运输周转量	
	系数	标准差	系数	标准差
ln 人口总量	1.834	1.562	−2.264	1.434
lnGDP	0.803 **	0.359	0.952 ***	0.330
城镇人口百分比	−0.019	0.020	0.013	0.018
第三产业比重	−0.002	0.003	−0.005 *	0.003
常数项	−16.814	16.63	30.842 *	15.271
DW(5,41)	0.396		0.493	
样本量	41		41	
F 检验值	882.92 ***		1191.64 ***	
R-squared	0.9899		0.9925	

注：*、** 和 *** 分别表示在 10%、5% 和 1% 的统计水平上显著。

3. 回归结果的解释

（1）旅客运输周转量显著地受到 GDP 的影响，其他因素影响不显著。

第一，GDP 的增长解释了旅客运输周转量变化的大部分因素。经济增长，使得越来越多的人走出去，而且走得更远。旅客的平均运输距离从改革开放之初的 69 公里增长到 2018 年的 190.76 公里。更多的人外出上学、出差、工作，即使是在外地工作的人们，也比以前更经常回家，这一切造成了旅客的运输距离大幅度增长。

第二，人口因素不是显著的影响因素，但是有较大的正相关性。改革开放以来，人口一直增长，但是增长速度越来越缓慢，41 年间，GDP 的增长幅度大大高于人口增长的幅度。而旅客运输周转量总本持续增长，人口增长并不是影响旅客运输增长的重要因素，社会进步才是客运量持续增长的主要因素。可以预期，将来客运量的提高主要还是依靠科技和社会进步，而不是依靠人口增长。

第三，城镇化率的提高和产业结构的变化，对旅客运输周转量没有显著影响。城镇化率反映的是城镇户籍人口的变化，与实际的农业人口外迁、流动所不同。

（2）货物运输周转量显著地受到 GDP 和第三产业比重等两个因素的影响

第一，GDP 是最主要的因素。改革开放以来，经济快速发展，社会结构也在经历快速变化之中。经济增长是推动货物运输周转量增长的主要因素。GDP 每增长 1%，货物运输周转量增长 0.952%。货物运输周转量的增长虽然在 2014—2015 年有所停滞，但是随着经济增长，货物运输周转量应该还会继续提高。

第二，产业结构变化也有影响。第三产业比重上升，第二产业比重下降，国民经济变得更加轻型化，对货物运输的需求有负面影响。可以预计，第三产业的比重还将继续上升，经济增长对货物运输的依赖性将降低。

第三，人口总量、城镇化率的影响并不显著。货物运输的增长受到人口增长的推动作用很小，城镇化率的变化也没有明显的影响。

4. 其他方面的解释

货物运输周转量与 GDP 比值，即为每单位国内生产总值的货运周转量。客运周转量与 GDP 的比值，即为每单位国内生产总值的客运周转量。这两个数据都呈现出倒 U 型的趋势，即前期走高，而后期走低。它们与经济结构存在一定关系，当经济结构以需要大量交通运输的产业为主，货物贸易比重较大时，这个数据就比较大。当经济结构中的服务业比重上升时，货物贸易的比重逐渐降低，这个数据也应该相应降低。货物运输周转量/GDP 数据从 1990 年开始，每单位国内生产总值的运输周转量逐步降低，直至 2018 年都一直稳步下降。类似地，1978—1988 年单位国内生产总值的旅客周转量持续增长，1989 年以后，直至 2018 年稳步下降。然而，其变化并不能使用经济结构来分析，而应该从人口结构、人口迁移的因素等方面去解释。

交通运输与宏观经济具有相互依赖、相互推动的关系。经济增长推动运输需求的增长，而运输的增长也推动经济增长。1978 年以来的发展过程显示，宏观经济对货物运输与旅客运输的依赖性在逐步降低，每单位国内生产总值所需要的货物运输周转量与旅客运输周转量经历着倒 U 型的结构变化，近十年来一直在下降，表明经济结构对交通运输的依赖性正在降低。

二、　主要运输方式的客货运情况

（一）当前的客运与货运总体情况

中国的运输主要有铁路、公路、水路、民航与管道五种形式。下面对 2018 年的数据年份情况作说明。铁路与民航运输为旅客运输的最主要方式，公路位列第三，显示人们生活水平提高，已经较为普遍地使用民航运输这种较为高端的出行方式。水运量微乎其微，几乎可忽略不计。在货物的运输方式中，水运则是最主要的方式，公路运输其次，铁路第三。货运和客运错开。铁路和民航主要是用来客运，而公路与水路运输主要是用以货物运输。详细情况如表 5-3 所示。

表 5-3　2018 年各种交通运输方式的运输周转量情况

指标	总量	铁路	公路	水运	民航	管道
旅客运输周转量/亿人公里	34218.2	14146.6	9279.7	79.6	10712.3	/
占总量百分比/%	100.00	41.34	27.12	0.23	31.31	/
货物运输周转量/亿吨公里	204686	28821	71249.2	99052.8	262.5	5301
占总量百分比/%	100.00	14.08	34.81	48.39	0.13	2.59

（二）各种运输方式的客货运情况

下面将逐一分析 1978—2018 年各种基础设施建设和使用变化情况（水运将在第六章作详细分析）。

1. 铁路建设与使用效率情况

铁路运输是一种快速、便捷、安全的陆上运输方式。新中国成立伊始，国家就开始着力兴修铁路。而到了改革开始以后，为了解决发展经济存在的交通运输瓶颈问题，国家更是注重铁路建设，铁路运输得到了飞跃发展，有效地推动国民经济发展。1978—2018年铁路的建设与使用情况如表5-4所示。

铁路运输在中国运输中占有重要位置，是最主要的客运方式，也是第三位的货运方式。1978—2018年，中国铁路建设与运输大幅度发展。由表5-4可见，在41年间铁路营业里程以及运营效率等各项指标都获得大幅度增长。

第一，铁路建设大幅度提速。38年间铁路营业里程增长155.1%。1978—2008年的31年间，铁路建设不断推进，铁路营业里程每年都在增长，增长的幅度在各年份中不尽相同，但是大部分的年份都在2%以下。2008年底的"一揽子计划"推出以后，从2008年至2015年，铁路建设呈现出飞跃式增长的态势，除了2011—2012年以外，其他年份的增长率都在5%以上。从2016年开始，略有下降。

第二，铁路运输业务呈现出总体增长的趋势。铁路客运周转量总体上增长，增长接近12倍。铁路货运周转量增长4.39倍，但是货运周转量在2011年到达29465.785亿吨公里的高峰以后，至2015年下降了近20%，从2015年以后缓慢回升。究其原因，有经济下行，经济结构变化，煤炭、铁矿石等大宗商品需求减少而导致运输需求减少的原因。在以前的经济周期中，即使经济下行，货运量几乎没有发生下降的情况，那时候铁路货运处于供不应求的状况，货运"一票难求"。自2010年以后，铁路货运的供求关系就发生了逆转，总体情况从供不应求变成供大于求。因此应该把近几年来铁路货运减少的原因归结到经济结构变化上，这是长期变化的趋势，而不是周期性因素。可以预见，未来铁路货运量也会随着经济的变化而变化，而不太可能像以往那样一直增长。另外，也有铁路和公路运输分工的原因，铁路运输具有速度快的优势，从事客运更专业，而货运市场更多地转向了公路运输方式。

表5-4 1978—2018年全国铁路建设与使用情况

年份	铁路营业里程/万公里	铁路营业里程增长率/%	每公里铁路的GDP/万元	铁路客运周转量/亿人公里	每公里铁路的客运周转量/万人	铁路客运平均运距/公里	铁路货运周转量/亿吨公里	每公里铁路货运周转量/万吨	铁路货运平均运距/公里
1978	5.16	1.98	712.926	1093.22	211.864	134	5345.19	1035.89	485
1979	5.29	2.52	748.257	1216.17	229.9	141	5598.71	1058.357	500
1980	5.33	0.76	800.618	1382.98	259.471	150	5716.87	1072.583	514
1981	5.39	1.13	831.973	1472.63	273.215	155	5712.01	1059.742	530
1982	5.332	-1.08	918.295	1574.84	295.373	158	6119.86	1147.825	539
1983	5.46	2.40	995.809	1776.51	325.386	168	6646.53	1217.38	560
1984	5.476	0.31	1145.395	2046.38	373.672	181	7247.64	1323.431	584
1985	5.522	0.83	1285.080	2416.14	437.548	216	8125.66	1471.507	622
1986	5.582	1.08	1381.325	2586.71	463.419	238	8764.78	1570.243	646
1987	5.598	0.28	1537.063	2843.06	507.907	253	9471.49	1692.063	673
1988	5.624	0.46	1702.642	3260.31	579.755	266	9877.59	1756.453	681
1989	5.7	1.35	1751.578	3037.41	532.916	267	10394.18	1823.668	686
1990	5.79	1.58	1796.146	2612.63	451.239	273	10622.38	1834.64	705
1991	5.78	-0.17	1964.731	2828.1	489.291	297	10972	1898.27	718

续表

年份	铁路营业里程/万公里	铁路营业里程增长率/%	每公里铁路的GDP/万元	铁路客运周转量/亿人公里	每公里铁路的客运周转量/万人	铁路客运平均运距/公里	铁路货运周转量/亿吨公里	每公里铁路货运周转量/万吨	铁路货运平均运距/公里
1992	5.81	0.52	2229.381	3152.24	542.554	316	11575.55	1992.349	734
1993	5.86	0.86	2510.430	3483.3	594.42	330	12090.9	2063.294	743
1994	5.9	0.68	2818.882	3636	616.271	334	12632	2141.017	774
1995	6.239	5.74	2915.719	3545.7	568.321	345	13049.48	2091.632	786
1996	6.49	4.03	3086.367	3347.6	515.809	353	13106.2	2019.445	766
1997	6.6	1.70	3325.322	3584.86	543.161	384	13269.9	2010.591	771
1998	6.64	0.61	3547.397	3773.42	568.286	397	12560.1	1891.581	764
1999	6.74	1.51	3773.669	4135.9	613.635	413	12910.3	1915.475	771
2000	6.87	1.93	4021.403	4532.59	659.766	431	13770.49	2004.438	771
2001	7.006	1.98	4262.587	4766.82	680.411	453	14694.1	2097.419	761
2002	7.19	2.63	4552.071	4969.4	691.154	471	15658.4	2177.803	764
2003	7.3	1.53	4953.143	4788.61	655.974	492	17246.7	2362.562	769
2004	7.44	1.92	5370.704	5712.2	767.769	511	19288.8	2592.581	775
2005	7.544	1.40	5874.022	6061.96	803.573	524	20726	2747.436	770

续表

年份	铁路营业里程/万公里	铁路营业里程增长率/%	每公里铁路的GDP/万元	铁路客运周转量/亿人公里	每公里铁路的客运周转量/万人	铁路客运平均运距/公里	铁路货运周转量/亿吨公里	每公里铁路货运周转量/万吨	铁路货运平均运距/公里
2006	7.708	2.18	6514.086	6622.122	859.081	527	21954.41	2848.122	762
2007	7.797	1.14	7386.652	7216.31	925.573	532	23797	3052.232	757
2008	7.969	2.21	7955.668	7778.605	976.141	532	25106.282	3150.601	760
2009	8.552	7.32	8046.511	7878.889	921.315	517	25239.169	2951.332	757
2010	9.118	6.62	8328.112	8762.178	960.992	523	27644.133	3031.87	759
2011	9.325	2.27	8875.825	9612.294	1030.813	516	29465.785	3159.882	749
2012	9.763	4.69	9208.996	9812.327	1005.099	518	29187.086	2989.699	748
2013	10.314	5.65	9339.062	10595.619	1027.258	503	29173.891	2828.445	735
2014	11.182	8.41	9330.647	11241.85	1005.342	488	27530.19	2461.985	722
2015	12.097	8.18	9174.095	11960.604	988.725	472	23754.308	1963.646	707
2016	12.399	2.50	9550.707	12579.29334	1014.525	447	23792.26195	1918.856	714
2017	12.697	2.40	9989.314	13456.92044	1059.851	436	26962.20392	2123.511	731
2018	13.165	3.69	10236.270	14146.58249	1074.549	419	28820.98571	2189.191	716
2018年与1978年之比	2.551	/	14.358	12.940	4.667	3.522	4.444	1.896	1.459

第三，铁路旅客与货物运输的使用效率增长停滞。改革开放以后，随着外出的人员日益增长，铁路运输，特别是客运供求矛盾日渐紧张，"一票难求"的现象普遍，铁路的客运使用效率日渐提高，至2011年达到高峰。随着我国从2008年末为了应对金融危机而采取的大幅度加快铁路建设特别是高速铁路建设的高歌猛进，虽然客运市场业务量，即铁路客运周转量还在继续增长，但是其使用效率——每公里铁路客运周转量在2011年之后就没有明显的增长趋势，近十年间停滞不前。本来随着高铁的推进，铁路运输速度加快，铁路的使用效率、每公里铁路客运周转量应该有所提高，但是这种增长的趋势却不明显，这是因为随着铁路建设的推进，铁路存量的增长摊薄了铁路客运市场的增长量，致使铁路客运使用效率增长停滞。

铁路货物周转量从2011年开始下降，每公里铁路货物周转量也就开始更加快速地持续下降，货运市场逐渐转向了公路运输。每公里铁路GDP总体上升，说明铁路对经济增长的贡献也在上升。

展望未来，铁路里程大幅增长与客运市场空间增长有限的情况并存。铁路建设在未来几年继续大幅度前进，营业里程将继续大幅增长，而影响铁路客运周转量的两大因素——GDP增速、人口增速可能稳中趋降，铁路客运周转量的增速可能下降，所以每公里铁路客运周转量也可能继续停滞，甚至也可能下降。从改革开放以后，铁路曾经占据一半以上的客运市场，后来缓慢下降，直到高铁和动车大量投入运营以后，从2013年开始，客运市场的比例反转，铁路的市场占有率逐步上升。随着更多的高铁出现，铁路可能更多地取代公路运输，占据着旅客运输市场越来越重要的位置。然而，由于中国的人口增长缓慢，以及外出打工的民工潮已过，大量的民工返乡创业，未来旅客运输的市场容量不可能大幅度提升，铁路运输的使用效率将很有可能继续下降。以北京市常住人口的变化为例。2001—2005年，常住人口从1385.1万人增长到1538.0万人，增长11.04%。2006—2010年，常住人口从1601.0万人增长到 1961.9 万人,增长 22.54%。2011—2015 年,常住人口从 2018.6 万人增长到 2170.5 万人,增长 7.53%。从 2016 年起,北京市人口增长就开始停滞不前,甚至缓慢下降,2016 年到达近年的高峰 2172.9 万人以后就开始下降,2018 年为 2154.2 万人,距离高点已经减少 18.7 万人。除了北京市疏解人口政策以外,回乡创业也是原因之一。可以预测未来客运市场的总体需求量上升空间不大。

2. 公路建设与使用效率情况

改革开放以来,"要想富,先修路"的理念已经深入人心,国家与各级地方政府非常重视公路建设,投入了巨资修建各种等级的公路,1988 年高速公路开始投入营运。公路运输是重要的客运和货运方式,1978—2018 年全国公路建设与使用情况如表 5-5 所示。

公路运输在全国运输中占据重要位置。2018 年,公路运输在客运和货运中均为第二重要的运输方式。1978—2018 年,公路建设与使用得到大幅度发展,公路营业里程等各项指标迅猛上升,发展历程呈现出三方面特点。

第一,公路建设迅速发展。公路营业里程增长了 5.44 倍,高速公路从无到有,已经有 14.26 万公里。虽然公路营业里程总量巨大,但是近年来公路建设依然稳步推进,营业里程保持 1.5%以上的增长速度。

第二,每公里公路的国内生产总值 GDP 总体增长,体现出公路运输对推动国民经济的贡献。这个过程的变化反复增减,但是近几年来这个指标还在上升,虽然增长幅度不大,也体现出国民经济轻型化的变化情况,主要是重心向第三产业方向发展。

第三,公路客运在长期稳定增长以后,近年来需求量持续下降。随着 GDP 的增长和旅客出行距离的增加,客运周转量稳定增加,在 2012 年到达高峰以后,转为持续下降,所占的市场份额不断萎缩,从 2012 年占 55.32%下降到 27.12%。另外,随着公路建设的大幅度发展,每公里客运周转量在 2004 年

表5-5 1978—2018年全国公路建设与使用总体情况

年份	公路营业里程/万公里	公路营业里程增长率/%	高速公路营业里程/万公里	每公里公路GDP	公路客运周转量/亿人公里	每公里公路客运周转量/万人	公路客运平均运输距离/公里	公路货运周转总量/亿吨公里	每公里公路货运周转量/万吨	公路货运平均运距/公里
1978	89.02	4.04		41.32	521.3	5.86	35	274.14	3.08	32
1979	87.58	-1.62		46.82	603.29	6.89	34	745	8.51	20
1980	88.83	1.42		51.65	729.5	8.21	33	764	8.60	20
1981	89.75	1.04		54.99	839	9.35	32	780	8.69	21
1982	90.70	1.06		59.24	963.86	10.63	32	979	10.79	25
1983	91.51	0.89		65.79	1105.61	12.08	33	1084	11.85	27
1984	92.67	1.27		78.54	1336.94	14.43	34	1536	16.58	29
1985	94.24	1.69		96.55	1724.88	18.30	36	1693	17.97	31
1986	96.28	2.17		107.77	1981.74	20.58	36	2117.99	22.00	34
1987	98.22	2.02		123.95	2190.43	22.30	37	2660.39	27.09	37
1988	99.96	1.77	0.01	151.86	2528.24	25.29	39	3220.39	32.22	44
1989	101.43	1.47	0.03	169.37	2662.11	26.25	41	3374.8	33.27	46
1990	102.83	1.38	0.05	183.53	2620.32	25.48	40	3358.1	32.66	46
1991	104.11	1.25	0.06	211.37	2871.74	27.58	42	3428	32.93	47

续表

年份	公路营业里程/万公里	公路营业里程增长率/%	高速公路营业里程/万公里	每公里公路GDP	公路客运周转量/亿人公里	每公里公路客运周转量/万人	公路客运平均运输距离/公里	公路货运周转总量/亿吨公里	每公里公路货运周转量/万吨	公路货运平均运距/公里
1992	105.67	1.50	0.07	257.35	3192.64	30.21	44	3755.39	35.54	48
1993	108.35	2.54	0.11	329.24	3700.7	34.16	43	4070.5	37.57	48
1994	111.78	3.17	0.16	435.12	4220.3	37.76	44	4486.3	40.14	50
1995	115.70	3.51	0.21	530.16	4603.1	39.79	44	4694.9	40.58	50
1996	118.58	2.49	0.34	605.61	4908.79	41.40	44	5011.2	42.26	51
1997	122.64	3.42	0.48	649.99	5541.4	45.18	46	5271.5	42.98	54
1998	127.85	4.25	0.87	666.37	5942.81	46.48	47	5483.38	42.89	56
1999	135.17	5.73	1.16	670.00	6199.24	45.86	49	5724.3	42.35	58
2000	167.98	24.27	1.63	596.98	6657.42	39.63	49	6129.4	36.49	59
2001	169.80	1.08	1.94	652.90	7207.08	42.45	51	6330.4	37.28	60
2002	176.52	3.96	2.51	689.54	7805.8	44.22	53	6782.5	38.42	61
2003	180.98	2.53	2.97	759.32	7695.6	42.52	53	7099.48	39.23	61
2004	187.07	3.37	3.43	865.13	8748.4	46.77	54	7840.90	41.91	63
2005	334.52	78.82	4.10	559.96	9292.08	27.78	55	8693.20	25.99	65

续表

年份	公路营业里程/万公里	公路营业里程增长率/%	高速公路营业里程/万公里	每公里公路GDP	公路客运周转量/亿人公里	每公里公路客运周转量/万人	公路客运平均运输距离/公里	公路货运周转总量/亿吨公里	每公里公路货运周转量/万吨	公路货运平均运距/公里
2006	345.70	3.34	4.53	634.77	10130.85	29.31	54	9754.25	28.22	67
2007	358.37	3.67	5.39	753.66	11506.77	32.11	56	11354.69	31.68	69
2008	373.02	4.09	6.03	855.85	12476.12	33.45	47	32868.19	88.12	171
2009	386.08	3.50	6.51	902.70	13511.44	35.00	49	37188.82	96.32	175
2010	400.82	3.82	7.41	1028.18	15020.81	37.48	49	43389.67	108.25	177
2011	410.64	2.45	8.49	1188.25	16760.25	40.82	51	51374.74	125.11	182
2012	423.75	3.19	9.62	1270.98	18467.55	43.58	52	59534.87	140.50	187
2013	435.62	2.80	10.44	1361.19	11250.94	25.83	61	55738.08	127.95	181
2014	446.39	2.47	11.19	1436.59	10996.75	24.64	63	56846.90	127.35	183
2015	457.73	2.54	12.35	1498.68	10742.66	23.47	66	57955.73	126.62	184
2016	469.63	2.60	13.10	1575.85	10228.71	21.78	66	61080.10	130.06	183
2017	477.35	1.64	13.64	1719.41	9765.18	20.46	67	66771.52	139.88	181
2018	484.65	1.53	14.26	1857.64	9279.68	19.15	68	71249.21	147.01	180
2018年与1978年之比	5.44	/	/	44.95	17.80	3.27	1.94	259.90	47.73	5.63

到达 46.765 万人的高峰以后，就不再提高，并且在 2012 年以后持续快速下降，在铁路、航空与自驾出行等运输方式的冲击下，2015 年下降到 23.47 万人，而 2018 年继续下降到 19.15 万人。展望未来，随着高铁运营里程的增加，公路客运周转量绝对值与市场份额都会进一步下降。

第四，公路货物运输持续增加，但是公路运输使用效率在大幅度提升以后，也出现下降趋势。随着互联网购物等新型销售的大幅度增加，2008 年以后，公路货运周转量大幅度增加，在货运市场上的与有率一直增加，直到 2015 年攀升到 34.81%，高于铁路货运的状况；公路货运周转量的绝对值从 2012 年以后到 2015 年就徘徊不前，但是 2016 年以后继续上升。随着经济结构的调整，第三产业增加值所占比重的提升，经济对货运的依赖性有可能逐步减低。同时，互联网购物逐渐普及，未来这部分的增长空间渐小，使得公路货运的增长空间有限。此外，还有公路建设的持续增长的因素，未来公路在货运上的使用效率有可能下降。

3. 水运建设与使用效率情况

水运主要包括海运和河运，将在第六章中作详细分析。

4. 民用航空市场建设与运营情况

中国的民用航空市场在 1978 年至 2018 年间获得大幅度发展。2018 年，民航的运输周转量在客运市场上占 31.31%，接近三分之一的市场份额，为第二大运输方式。货运市场占有率只有 0.13%，排名第五。这说明民用航空市场是一个以客运为主的市场。1978—2018 年全国民用航空市场发展情况如表 5-7 所示。

民航市场在基础设施方面的建设主要是机场与航线规划，这往往需要由政府投资与建设。航空线路规划由民航局审批，其投资较少，与公路、铁路需要大规模投资建设的情况不同。飞机的配备则主要由航空公司负责，不属于基础设施范围。1978—2018 年，全国民航市场得到长足发展，体现出以下三方面特点。

表 5-7 1978—2018 年全国航空市场建设与运营总体情况

年份	定期航班营业里程/万公里	航班营业里程增长率/%	国际航线营业里程/万公里	民航客运周转量/亿人公里	每公里航线客运周转量/万人	民航客运平均运距/公里	民航货运周转量/亿吨公里	每公里航线货运周转量/万吨	民航货运平均运距/公里
1978	14.89	12.72	5.53	27.91	1.87	1209	0.97	0.065	1516
1979	16	7.46	5.13	34.99	2.19	1174	1.23	0.077	1538
1980	19.53	22.06	8.12	39.56	2.03	1153	1.41	0.072	1584
1981	21.82	11.73	8.28	50.16	2.3	1250	1.7	0.078	1809
1982	23.27	6.65	9.99	59.51	2.56	1337	1.98	0.085	1941
1983	22.91	-1.55	9.99	58.96	2.57	1506	2.29	0.1	1974
1984	26.02	13.58	10.74	83.5	3.21	1507	3.11	0.12	2073
1985	27.72	6.53	10.6	116.72	4.21	1563	4.15	0.15	2128
1986	32.31	16.56	10.76	146.31	4.53	1468	4.81	0.15	2147
1987	38.91	20.43	14.89	182.05	4.68	1390	6.5	0.17	2174
1988	37.38	-3.93	12.83	216.95	5.8	1505	7.3	0.20	2226
1989	47.19	26.24	16.64	186.79	3.96	1456	6.9	0.15	2226
1990	50.68	7.40	16.64	230.48	4.55	1388	8.18	0.16	2211
1991	55.91	10.32	17.74	301.32	5.39	1383	10.1	0.18	2234

续表

年份	定期航班营业里程/万公里	航班营业里程增长率/%	国际航线营业里程/万公里	民航客运周转量/亿人公里	每公里航线客运周转量/万人	民航客运平均运距/公里	民航货运周转量/亿吨公里	每公里航线货运周转量/万吨	民航货运平均运距/公里
1992	83.66	49.63	30.3	406.12	4.85	1407	13.42	0.16	2335
1993	96.08	14.85	27.87	477.6	4.97	1412	16.61	0.17	2394
1994	101.56	8.83	35.19	551.58	5.28	1366	18.58	0.18	2241
1995	112.9	7.98	34.82	681.3	6.03	1331	22.3	0.20	2206
1996	116.65	3.32	38.63	747.84	6.41	1346	24.93	0.21	2168
1997	142.5	22.16	50.44	773.52	5.43	1374	29.1	0.20	2334
1998	150.58	5.67	50.44	800.24	5.31	1391	33.45	0.22	2388
1999	152.22	1.09	52.33	857.3	5.63	1407	42.34	0.28	2485
2000	150.29	-1.27	50.84	970.54	6.46	1444	50.27	0.33	2555
2001	155.36	3.38	51.69	1091.35	7.02	1450	43.72	0.28	2556
2002	163.77	5.41	57.45	1268.7	7.75	1476	51.55	0.32	2551
2003	174.95	6.83	71.53	1263.19	7.22	1442	57.9	0.33	2643
2004	204.94	17.14	89.42	1782.3	8.7	1470	71.8	0.35	2595
2005	199.85	-2.48	85.59	2044.93	10.23	1479	78.9	0.40	2572

续表

年份	定期航班营业里程/万公里	航班营业里程增长率/%	国际航线营业里程/万公里	民航客运周转量/亿人公里	每公里航线客运周转量/万人	民航客运平均运距/公里	民航货运周转量/亿吨公里	每公里航线货运周转量/万吨	民航货运平均运距/公里
2006	211.35	5.76	96.62	2370.66	11.22	1485	94.28	0.45	2698
2007	234.30	10.86	104.74	2791.73	11.92	1503	116.39	0.50	2896
2008	246.18	5.07	112.02	2882.8	11.71	1497	119.60	0.49	2934
2009	234.51	-4.74	91.99	3375.24	14.39	1464	126.23	0.54	2833
2010	276.52	17.91	107.02	4039	14.61	1509	178.90	0.65	3177
2011	349.06	26.24	149.44	4536.96	13	1548	173.91	0.50	3120
2012	328.01	-6.03	128.47	5025.74	15.32	1574	163.89	0.5	3007
2013	410.6	25.18	150.32	5656.76	13.78	1598	170.29	0.42	3034
2014	463.72	12.94	176.72	6334.19	13.66	1616	187.77	0.41	3161
2015	531.72	14.66	239.44	7282.55	13.7	1669.62	208.07	0.39	3306
2016	634.81	19.39	282.80	8378.13	13.20	1716.97	222.45	0.42	3330
2017	748.30	17.88	324.59	9513.04	12.71	1724.75	243.55	0.38	3450
2018	837.98	11.98	359.89	10712.32	12.78	1751.13	262.50	0.35	3554
2018年与1978年之比	56.28	/	65.08	383.82	6.84	1.45	270.62	5.40	2.34

第一，民航客运市场大幅度增加，方兴未艾，占据客运市场的重要地位。在 41 年间，航班营业里程增长 56.28 倍，国际航班营业里程更是增长了 65.08 倍。2018 年民航航线所容纳的客运周转量是 1978 年的 383.82 倍。随着民航市场的发展，人们的出行距离越来越远，2018 年平均运行距离达到 1751.13 公里，比 1978 年增长了 45%。

第二，民航货运市场迅速增长。41 年间货运周转量增长了 270.62 倍，而且还有继续增长的趋势。货运市场的平均运输距离越来越长，远高于铁路、公路货运距离，显示民航货运市场与其他货运方式的市场区分。

第三，民航运输市场在未来一段时间可能将保持增长，而后也将可能面临市场空间的局限。客运与货运的周转量在近年还是保持继续增长的态势，但是民航市场同样面临人口增长缓慢与宏观经济转型的影响，经过一段时间的增长后，在未来的增长空间有限。同时，各地的机场建设、航空线路继续保持增长，将导致机场与线路的运输周转量增长空间有限。但是，在拐点到来之前，民航运输市场还有很大的发展空间，值得大力挖掘与拓展，开发相应的民航线路、修建机场等。

5. 输油（气）管道建设与运输情况

管道运输是使用管道运送液体和其他物资的运输方式，主要用于运输石油与液化气。管道运输具有运输量大、连续、迅速、经济、安全等特点。输油（气）管道建设同样得到大幅度发展，管道运输周转量增长迅速，2018 年拥有 2.59% 的货运市场，成为排名第四的运输方式。1978—2018 年全国输油（气）管道建设与货运情况如表 5-8 所示。

表 5-8 1978—2018 年全国输油气管道建设与货运情况

年份	输油（气）管道里程/万公里	管道里程年增长率/%	每公里管道 GDP/万元	管道输油（气）运输周转量/亿吨公里	每公里管道运输周转量/万吨	管道运输平均运距/公里
1978	0.83	23.88	4432.17	430	518.07	416
1979	0.91	9.54	4506.04	476	523.08	420

年份	输油（气）管道里程/万公里	管道里程年增长率/%	每公里管道GDP/万元	管道输油（气）运输周转量/亿吨公里	每公里管道运输周转量/万吨	管道运输平均运距/公里
1980	0.87	-4.40	5273.10	491	564.37	467
1981	0.97	11.49	5088.45	499	514.43	457
1982	1.04	7.22	5166.73	501	481.73	449
1983	1.08	3.85	5574.91	534	494.44	460
1984	1.1	1.85	6616.82	572	520	456
1985	1.17	6.36	7776.84	603	515.39	442
1986	1.3	11.11	7981.69	612	470.77	413
1987	1.38	6.15	8822.17	625	452.90	413
1988	1.43	3.62	10615.66	650	454.55	416
1989	1.51	5.59	11377.28	629	416.56	402
1990	1.59	5.30	11869.75	627	394.34	398
1991	1.62	1.89	13583.70	621	383.33	399
1992	1.59	-1.85	17103.46	617	388.05	417
1993	1.64	3.15	21751.95	608	370.73	410
1994	1.68	2.44	28950.89	612	364.29	406
1995	1.72	2.38	35662.73	590	343.02	386
1996	1.93	12.21	37209.12	585	303.11	366
1997	2.04	5.70	39075.98	579	283.82	362
1998	2.31	13.24	36881.17	606	262.34	348
1999	2.49	7.79	36371.24	627.93	252.18	310
2000	2.465	-1.00	40681.58	636	258.01	340
2001	2.756	11.79	40226.09	653	236.98	336
2002	2.98	8.15	40844.77	683	229.20	339
2003	3.26	9.40	42153.99	739	226.69	336
2004	3.82	17.18	42366.54	815	213.35	329
2005	4.4	15.18	42572.48	1088	247.27	350
2006	4.81	9.38	45592.87	1551.17	322.3	463.92
2007	5.45	13.16	49594.62	1865.89	342.62	460.13
2008	5.84	7.14	54712.01	1944.03	333.17	443
2009	6.91	18.36	50465.93	2022.42	292.85	453.47

年份	输油（气）管道里程/万公里	管道里程年增长率/%	每公里管道GDP/万元	管道输油（气）运输周转量/亿吨公里	每公里管道运输周转量/万吨	管道运输平均运距/公里
2010	7.85	13.66	52499.27	2197.19	279.91	439.69
2011	8.33	6.12	58576.25	2885.44	346.38	505.57
2012	9.16	9.97	58796.94	3211.04	350.53	515.63
2013	9.85	7.49	60223.77	3495.89	355.04	536.11
2014	10.57	7.34	60675.62	4328.28	409.53	586.87
2015	10.87	2.86	63103.02	4665.35	429.17	614.91
2016	11.34	4.28	65280.67	4195.87	370.12	571.56
2017	11.93	5.22	68804.36	4784.13	401.06	593.74
2018	12.23	2.52	73615.30	5300.72	433.42	590.23
2018年与1978年的比较	14.73	/	16.61	12.33	0.84	1.42

输油（气）管道运输是一种特殊的运输方式，只能用于运输油（气），它的建设与使用在1978—2018年的发展过程中体现出三方面特点。

第一，输油（气）管道建设获得大幅度发展。在41年间增长14.73倍，增幅超过铁路、公路，这既是因为存量较小，也是因为国家十分重视输油（气）管道建设。

第二，输油（气）管道运输量连续大幅度增长。在经历了大幅度发展以后，近年来运输周转量依然增长，而且每公里管道GDP持续上升；每公里管道运输周转量在近年来有上升趋势，使用效率提高，供不应求，管道运输可能还有较大的发展空间。

第三，管道运输的平均运距在不断增长，显示管道运输作为长途运输的货运方式的作用得到进一步的提升。管道运输在未来可能还会得到进一步发展，管道建设还可以得到进一步的加强。

总之，输油（气）管道的建设与使用在过去得到大幅度发展，运输能力在近年来依然有供不应求之势，有比较好的发展前景，需要进一步推进输油（气）管道建设与相应的运输市场发展。

三、 小结

改革开放以来，国家重视交通基础设施建设，为国民经济提供了铁路、公路、水运、民航与输油（气）管道等方面的运输能力，促进经济增长。基础设施为运输业提供了必要的条件，运输业务也为基础设施建设提供市场需求，两者互相促进。

时间序列分析证实，客运周转量的变化显著地受到 GDP 变化的影响，而货运周转量的变化显著地受到 GDP 变化和第三产业比重变化的影响。

从前期的数据看，到 2015 年，客货运总体需求都处于徘徊不前的状态中。从 2016 年以后，客运周转量又有所上升。货运周转量前期业务量大幅度攀升，最近开始发生下降，看似可能已经处于倒 U 型走势右侧的下降通道中，需求存在进一步下降的可能性，但是 2016 年以后又有所上升。

展望未来，随着人口老龄化的发展，对交通基础设施的客运需求有限，发展空间不大，未来可能增长缓慢甚至下降。货运需求也可能经历相似的过程。国民经济由前期高度依赖货运服务到逐步减轻对货运服务的需求。值得注意的是，随着互联网经济的发展，经济方式的转换，因此货运需求的发展也可能还有一定的发展空间。

各种交通运输工具面向的运输市场各有不同。铁路运输主要用于客运，货运较为次要。铁路客运周转量还处于上升通道中，未来随着更多高铁的兴建，可能还会挤占公路客运的市场份额而进一步提升业务周转量。但是囿于人口与 GDP 增长的因素，未来的增长空间终究有限，未来铁路的客运效率还有可能发生下降。

公路运输是客运与货运并重的运输市场，两者在 2015 年均约占市场的三分之一份额，都是排名第二位的运输方式。到了 2018 年占比虽然有变化，但是位置依然不变。公路客运在长期稳定增长以后，近年来需求量持续下降，而且使用效率也下降。公路货物运输量持续增加，但是在 2015 年前后也发生徘徊不前的情况；公路运输使用效率在大幅度提升以后也呈现下降趋势。

水运在货运市场中占比接近一半，而在客运市场中则几乎为零。

民航主要面向客运市场，客运周转业务量在 2018 年占据市场三分之一的份额，近年来还处于大幅度增长的过程中。民航与铁路客运都是客运的主要市场或者供给方，两者的市场虽然有竞争关系，但也有互补关系。铁路客运在短途运输中占据优势，而航空客运则在长途运输中占据优势。展望未来，民航客运市场还处于迅速增长过程，方兴未艾，在客运市场占据着重要地位。

管道运输主要为油气运输服务，近年来输油气管道建设获得大幅度发展，运输周转量连续大幅度增长，管道运输作为长途运输的货运方式的作用得到进一步的提升。

从总体上看，在经过改革开放 41 年的发展后，中国的客货运运输业务大幅度增长的空间已经不大，铁路客运的增长主要是挤占公路客运市场所获得的，公路与水路客运已经明显下降，铁路公路与水路货运的增长空间有限，唯有民航和管道运输还有大幅度发展的空间。未来的交通基础设施投资要根据市场的需求来进行投资与建设，才能不至于浪费资源。

第二节　省级地区的基础设施建设与使用情况

本节将分析中国大陆 31 个省、直辖市、自治区等省级地区的交通基础设施存量情况。研究的对象包括铁路营业里程、公路里程（包括高速公路里程）、内河航道里程等三方面的基础设施，以及铁路客运周转量、公路客运周转量、水路客运周转量与铁路货运周转量、公路货运周转量、水路货运周转量等

六方面的市场，对有关数据进行描述，同时分析基础设施存量与人口、人均 GDP、土地面积、城镇化水平等方面的关系。使用《中国统计年鉴》对 2005—2015 年 11 年间分省的数据进行分析。

一、 数据来源

本节研究 2005—2015 年的基础设施存量，基础设施与相关的经济、人口数据均来自于 2006—2016 年《中国统计年鉴》，各省市区的面积来自于中国政府网的各地区介绍。有的地区没有使用内河航道，所以相应的内河航道里程与运输量数据为缺失值。本节的存量数据使用的是历年统计年鉴数据。

GDP 同样使用 CPI 指数进行折算，以 1978 年的价格为 100。

二、 当前各省市区的基础设施之间的关系

1. 各种基础设施人均存量的统计描述

使用 2015 年的基础设施存量数据做统计描述，以分析当前各地区的人均基础设施存量情况，如表 5-8 所示。

表 5-8　2015 年各省市区人均基础设施存量

公里/千人

基础设施类型	均值	标准差	最小值	最大值	样本量
铁路营业里程	12.17	10.35	1.93	48.16	31
内河航道里程	9.05	6.79	0.57	30.58	27
公路里程	446.96	432.86	54.64	2418.15	31
高速公路里程	10.96	7.91	1.17	45.27	31

如表 5-8 所示，各省市区人均基础设施存量差异较大。人均铁路营业里程最长的前三位是内蒙古（48.16）、青海（39.96）、新疆（24.86）。数值最小的三位分别是上海（1.93）、江苏（3.41）、广东（3.72）。人均铁路最长的是地广人稀的经

济不发达地区，最短的反而是人口密集的经济发达地区。

在统计年鉴中，有 4 个地区的内河航道里程为缺失值，这些地区应该是没有内河航道，分别是北京、河北、西藏、新疆。最多的为江苏（30.58）、浙江（17.63）、湖南（16.95）等人口密集的南方地区。最少的还有天津（0.57）、辽宁（0.94）、山东（1.13）等人口密集的北方地区。

公路长度人均值最长的为西藏（2418.15）、青海（1285.60）、新疆（755.35）等三个地区。最短的为上海（54.64）、北京（100.81）、天津（106.98）。

高速公路人均值最长的是青海（45.27）、宁夏（22.86）、内蒙古（19.98），新疆（18.29）排到第四位。最短的是西藏（1.17）、上海（3.42）、北京（4.52）。

通过统计描述，可见人均基础设施存量最大的是人口稀少、经济落后的西部省份，人均基础设施存量最少的是人多地少、经济发达的沿海省份。这体现了基础设施投资的聚集效应。如果仅从经济效益来看，当前继续进行基础设施投资，应该优先投资于人口密集的地区，其市场前景最为看好；但是如果考虑到国防安全等其他非经济因素，则另当别论。

2. 基础设施存量的影响因素

如表5-9所示，分析各种交通基础设施人均存量之间的相关性，以及经济发展程度与交通基础设施人均存量之间的关系。

表5-9 2015年基础设施人均存量、人均 GDP 之间的关系

基础设施的类型	铁路营业里程	内河航道里程	公路里程	高速公路里程	人均 GDP
铁路营业里程	1				
内河航道里程	-0.16	1			
公路里程	0.76	-0.01	1		
高速公路里程	0.79	-0.1	0.91	1	
人均 GDP	-0.13	0.14	-0.45	-0.26	1

在 2015 年，公路、高速公路、铁路之间存在正相关关系，

它们与内河航道之间却存在负相关关系。人均 GDP 与铁路、公路、高速公路之间存在负相关关系，只有与内河航道之间才是正相关。内河航道发达的，恰好是南方发达地区。

为了分析各地区基础设施存量的影响因素，使用模型（5-3）对 2015 年 31 个省级地区的横截面数据进行回归运算，运算结果如表 5-10 所示。

$$
\begin{aligned}
\ln \text{基础设施存量} = &\ln \text{人口数} + \ln \text{人均 GDP} + \\
&\text{城镇人口的百分比} + \ln \text{地区面积} + \\
&\text{随机干扰项} \quad\quad\quad\quad (5\text{-}3)
\end{aligned}
$$

表 5-10　2015 年全国各地区各种基础设施的回归分析

变量	ln 铁路营业里程		ln 内河航道		ln 公路里程		ln 高速公路里程	
	系数	标准差	系数	标准差	系数	标准差	系数	标准差
ln 人口数量	0.481 ***	0.079	1.225 ***	0.292	0.672 ***	0.046	0.892 ***	0.124
ln 人均 GDP	-0.589	0.422	0.105	1.500	0.161	0.245	-1.733 **	0.659
城镇人口百分比	0.031 *	0.016	0.006	0.060	-0.023 **	0.009	0.070 ***	0.025
ln 地区面积	0.489 ***	0.086	0.302	0.279	0.329 ***	0.050	0.357 **	0.135
常数项	1.790	3.114	-7.243	10.035	2.094	1.813	8.085	4.869
样本量	31		27		31		31	
F 检验值	23.19 ***		5.98 ***		112.33 ***		17.80 ***	
R-squared	0.781		0.521		0.945		0.733	

注：*、**和***分别表示在 10%、5%和 1%的统计水平上显著。

（1）铁路营业里程的影响因素

人口数量、城镇化率、地区面积等因素显著地影响当前铁路营业里程。考虑到铁路的修建并非一朝一夕之事，所以当前的地区发展状况指标——人均 GDP 对铁路营业里程没有显著影响。

（2）内河航道里程的影响因素

只有人口数量才能显著影响内河航道的长度。内河航道主要分布于人口密集的东部地区，所以两者之间存在显著影响。

（3）公路里程的影响因素

人口数量、城镇化率、地区面积显著影响公路的里程。

（4）高速公路里程的影响因素

人口数量、人均 GDP、城镇化率、地区面积等因素对当前高速公路的里程均有显著影响。尤其是人均 GDP，很可能是因为高速公路主要是 2000 年以后大规模修建的，所以当前的人均 GDP 对近年来所修建的高速公路有显著影响。

三、　各地区历年来基础设施增长的影响因素

为了分析各地区基础设施建设（存量）的增长情况，使用 2005—2015 年各省市区的基础设施存量面板数据进行分析。使用混合 OLS 模型、固定效应模型和随机效应模型三种模型分别进行回归分析，并择优使用。同样使用模型（5-3）中的有关变量。

1. 混合 OLS 模型

将面板数据上的 31 个地区在 11 年的数据看成是 341 个独立的样本，从而考察自变量变化对基础设施存量增长的弹性。回归结果如表 5-11 所示。

表 5-11　2005—2015 年全国各省级地区四种基础设施里程
增长的混合横截面模型回归分析

变量	ln 铁路营业里程		ln 内河航道里程		ln 公路里程		ln 高速公路里程	
	系数	标准差	系数	标准差	系数	标准差	系数	标准差
ln 人口数量	0.489***	0.025	1.325***	0.077	0.652***	0.016	0.712***	0.082
ln 人均 GDP	0.118	0.081	−0.662***	0.230	0.636***	0.053	0.283	0.251
城镇人口百分比	0.011***	0.004	0.039***	0.011	−0.030***	0.003	−0.014	0.012
ln 面积	0.467***	0.027	0.324***	0.073	0.331***	0.017	0.048	0.079
常数项	−3.338***	0.573	−3.339**	1.507	−1.692***	0.372	−0.120	1.698
样本量	340		297		341		333	
F 检验值	228.95C***		88.77***		901.88***		23.24***	
R-squared	0.732		0.549		0.915		0.221	

注：*、** 和 *** 分别表示在 10%、5% 和 1% 的统计水平上显著。

2. 固定效应模型

固定效应模型的回归结果如表 5-12 所示。

表 5-12　2005—2015 年全国各地区各种基础设施
增长的固定效应模型回归分析

变量	ln 铁路营业里程		ln 内河航道		ln 公路里程		ln 高速公路里程	
	系数	标准差	系数	标准差	系数	标准差	系数	标准差
ln 人口数量	0.935***	0.223	0.051	0.109	-0.106	0.222	-1.834	1.722
ln 人均 GDP	0.106	0.072	0.010	0.033	0.703***	0.069	0.577	0.605
城镇人口百分比	0.025***	0.006	0.005*	0.003	-0.013**	0.005	-0.030	0.049
ln 面积	/		/		/		/	
常数项	-1.967	1.690	6.936***	0.849	6.952***	1.673	19.475	13.187
样本量	31		297		341		333	
F 检验值	120.30***		15.47***		176.65***		0.56	
组内 R-squared	0.541		0.148		0.633		0.006	
组间 R-squared	0.164		0.077		0.338		0.819	
整体 R-squared	0.169		0.071		0.050		0.190	

注：*、**和***分别表示在 10%、5%和 1%的统计水平上显著。

固定效应模型回归结果中，高速公路存量的回归结果无法通过 F 检验，回归结果无效。

3. 随机效应模型

随机效应模型回归结果如表 5-13 所示。

表 5-13　2005—2015 年全国各地区各种基础设施
增长的随机效应模型回归分析

变量	ln 铁路营业里程		ln 内河航道		ln 公路里程		ln 高速公路里程	
	系数	标准差	系数	标准差	系数	标准差	系数	标准差
ln 人口数量	0.537***	0.075	0.220**	0.104	0.625***	0.039	0.712***	0.082
ln 人均 GDP	0.187***	0.064	-0.002	0.034	0.766***	0.054	0.283	0.251
城镇人口百分比	0.019***	0.005	0.005*	0.003	-0.026***	0.004	-0.014	0.012
ln 面积	0.553***	0.064	0.385**	0.191	0.401***	0.037	0.048	0.079
常数项	-5.791***	0.912	1.037	2.345	-3.678	0.523	-0.120	1.698
样本量	340		297		341		333	
Wald 检验值	429.65***		52.64***		994.47***		92.97***	

续表

变量	ln 铁路营业里程		ln 内河航道		ln 公路里程		ln 高速公路里程	
	系数	标准差	系数	标准差	系数	标准差	系数	标准差
组内 R-squared	0.536		0.141		0.609		0.0003	
组间 R-squared	0.731		0.273		0.922		0.875	
整体 R-squared	0.714		0.273		0.899		0.221	
Hausman 检验值	4.67		27.23		23.40		2.34	
Hausman 检验 P 值	0.198		0.000		0.000		0.504	

注：＊、＊＊和＊＊＊分别表示在10%、5%和1%的统计水平上显著。

以上除了做随机效应模型分析以外，还做了 Hausman 检验。如果检验结果显著，则拒绝关于随机效应与固定效应系数无系统差异的原假设，选择固定效应更好，否则就选择随机效应模型的分析结果。

4. 模型的选择与回归结果

（1）在铁路营业里程的回归中，Hausman 检验不显著，应该选择随机效应模型。人口数量、人均 GDP、城镇化率、土地面积对铁路营业里程的增长都有显著的正向影响。

（2）在内河航道里程的回归中，Hausman 检验显著，应该选择固定效应模型。城镇化率对内河航道里程有显著影响。相对来说，混合 OLS 模型回归结果比固定效应模型的显著变量更多。

（3）在公路里程的回归中，Hausman 检验显著，应该选择固定效应模型。人均 GDP 有正向的显著影响，城镇化率有负向的显著影响。而混合 OLS 模型回归结果的显著变量也更多。

（4）在高速公路里程的回归中，Hausman 检验不显著，应该选择随机效应模型。人口数量对高速公路营业里程的增长才有正向的显著影响，其他因素影响都不显著。其结果与混合 OLS 模型回归结果一致。

总而言之，纵观 11 年的数据，在铁路和公路投资与建设中，经济发展因素有显著性影响，经济越发达的地区，所修建的铁路与公路越多。在高速公路的投资建设中，经济因素反而不起显著影响，这说明高速公路的建设适当向经济落后地区倾斜。

四、 各地区历年来对基础设施使用效率的分析

由于铁路与公路运输占据重要的市场地位，下面将分析铁路与公路在各地区的使用效率情况，同样使用核心变量——每公里客运周转量与每公里货运周转量。

1. 2015 年各地区铁路与公路的客货运使用效率分析（见表 5-14）

表 5-14　2015 年各地区铁路与公路客运与货运每公里周转量

地　区	每公里铁路客运周转量/万人	每公里铁路货运周转量/万吨	每公里公路客运周转量/万人	每公里公路货运周转量/万吨
北　京	1162.126	5799.035	59.456	71.446
天　津	1633.324	4261.857	49.366	208.580
河　北	1357.310	5221.267	14.545	369.622
山　西	423.572	4057.828	11.672	97.528
内蒙古	174.298	1612.624	9.143	127.725
辽　宁	1047.407	1555.531	26.012	236.836
吉　林	499.179	739.268	18.271	108.010
黑龙江	413.199	975.248	14.063	56.929
上　海	1912.492	231.993	95.074	219.447
江　苏	2296.571	1140.025	51.979	130.535
浙　江	2113.859	831.455	46.160	128.282
安　徽	1542.290	1773.628	30.752	252.587
福　建	953.949	402.149	25.557	97.552
江　西	1667.756	1239.993	18.180	192.991
山　东	1222.394	2136.682	17.892	223.081
河　南	1673.162	3210.019	29.687	181.283
湖　北	1787.313	1877.237	19.341	94.103

地区	每公里铁路客运周转量/万人	每公里铁路货运周转量/万吨	每公里公路客运周转量/万人	每公里公路货运周转量/万吨
湖 南	1957.926	1677.901	26.833	107.795
广 东	1861.320	641.554	47.909	143.911
广 西	621.864	1318.162	34.817	179.892
海 南	292.046	117.476	29.520	29.285
重 庆	785.469	822.862	26.784	60.564
四 川	705.754	1628.495	21.282	46.916
贵 州	818.192	1997.331	22.681	41.976
云 南	422.851	1399.433	13.992	45.672
西 藏	179.194	299.377	3.089	12.266
陕 西	1020.927	3156.401	17.242	107.415
甘 肃	963.662	3414.483	17.761	65.129
青 海	316.833	951.053	5.907	29.385
宁 夏	367.352	1900.582	20.469	172.037
新 疆	388.609	1214.261	13.983	59.489

使用表5-14考察有关情况，2015年各地区在铁路与公路上的使用效率有较大的差异。铁路客运每公里周转量最多的地区为江苏、浙江和湖南，最少的为内蒙古、西藏和海南。铁路货运每公里周转量最多的地区为北京、河北和天津，最少的为海南、上海和西藏。

公路客运每公里周转量最多的地区为上海、北京和江苏，最少的为西藏、青海和内蒙古。公路货运每公里周转量最多的地区为河北、安徽和辽宁，最少的为西藏、海南和青海。铁路公路客货运情况虽然与市场需求有关，但是也很可能受到一些行政干预。比如，北京市的铁路货运每公里周转量全国最多，而公路货运每公里周转量却很少，然而临近北京市的河北省的公路货运每公里周转量却是全国最多，这显示北京市的诸多公路货运量转移到了河北省。

2. 历年来各地区铁路与公路在客运与货运上的使用效率影响因素分析

为了进一步考察各地区在铁路与公路上的使用效率差异的影响因素，利用 2005—2015 年的数据进行分析。使用混合 OLS 模型、固定效应模型与随机效应模型对铁路与公路在客运与货运上的使用效率影响因素进行分析。因变量使用客货运每公里周转量的自然对数。

（1）铁路客运使用效率影响因素分析

因变量为铁路客运每公里周转量的自然对数，见表 5-15。

表 5-15　2005—2015 年铁路客运使用效率影响因素分析回归结果

变量	混合 OLS 模型		固定效应模型		随机效应模型	
	系数	标准差	系数	标准差	系数	标准差
ln 铁路里程	−0.144 *	0.078	−0.380 ***	0.092	−0.360 ***	0.086
ln 人口数量	0.741 ***	0.052	0.759 **	0.369	0.839 ***	0.119
ln 人均 GDP	0.492 ***	0.117	0.764 ***	0.117	0.712 ***	0.101
城镇人口百分比	−0.012 **	0.006	−0.026 ***	0.010	−0.023 ***	0.008
ln 面积	−0.209 ***	0.053	/		−0.175 *	0.105
常数项	0.671	0.859	−1.782	2.726	−0.211	1.427
样本量	340		340		340	
F 检验值或 Wald 检验值	98.89 ***		28.38 ***		157.36 ***	
组内 R-squared			0.271		0.271	
组间 R-squared			0.531		0.621	
整体 R-squared	0.597		0.501		0.582	
Hausman 检验值					1.64	
Hausman 检验 P 值					0.802	

注：*、** 和 *** 分别表示在 10%、5% 和 1% 的统计水平上显著。

对计量分析结果作 Hausman 检验，结果不显著，可以接受随机效应模型结果。随机效应模型与混合 OLS 模型的变量符合和显著性结果一致。

铁路里程等 5 个因素对客运效率有显著影响。铁路里程对客运效率有负向的显著影响。铁路运营里程越长，客运效率越低。人口总量对客运效率有正向的显著影响。人口越多的地区，客运效率越高。人均 GDP 对客运效率有正向的显著影响。地区经济发展程度越高，客运效率越高。城镇化率对客运效率有负向的显著影响，城镇化率越高，客运效率越低。这可能是因为城镇化率越高，人口居住集中于城镇，居民利用铁路进行长途客运的机会就越少。地区面积对客运效率有负向的显著影响，即地区面积越大，人口的集中度低，客运效率越低。

（2）铁路货运使用效率影响因素分析

因变量为铁路货运每公里周转量的自然对数，见表 5-16。

表 5-16　2005—2015 年铁路货运使用效率影响因素分析回归结果

变量	混合 OLS 模型		固定效应模型		随机效应模型	
	系数	标准差	系数	标准差	系数	标准差
ln 铁路里程	0.981 ***	0.103	-1.185 ***	0.084	-1.062 ***	0.090
ln 人口数量	0.019	0.068	-0.174	0.338	0.865 ***	0.145
ln 人均 GDP	-0.340 **	0.153	0.856 ***	0.107	0.612 ***	0.108
城镇人口百分比	-0.001	0.007	-0.043 ***	0.009	-0.031 ***	0.009
ln 面积	-0.487 ***	0.069	0.000	（omitted）	0.173	0.125
常数项	8.646 ***	1.129	13.054 ***	2.494	3.105 *	1.732
样本量	340		340		340	
F 检验值或 Wald 检验值	41.59 ***		74.88 ***		197.24 ***	
组内 R-squared			0.496		0.475	
组间 R-squared			0.399		0.025	
整体 R-squared	0.384		0.271		0.005	
Xttest 检验值	772.32					
Xttest 检验 P 值	0.000					

注：*、** 和 *** 分别表示在 10%、5% 和 1% 的统计水平上显著。

对计量分析结果作 Hausman 检验，检验值为负数。对随机效应使用 Xttest0 检验，结果表明随机效应非常显著，因此选择随机效应模型回归结果。

铁路里程等 4 个因素对货运效率有显著影响。铁路里程对货运效率有负向的显著影响。铁路运营里程越长，货运效率越低。人口总量对货运效率有正向的显著影响。人口越多的地区，货运效率越高。人均 GDP 对货运效率有正向的显著影响。地区经济发展程度越高，货运效率越高。城镇化率对货运效率有负向的显著影响。城镇化率越高，货运效率越低。这也可能是因为城镇化率越高，人口居住集中于城镇，需要长途货运的机会就越少。

铁路的客运与货运效率影响因素分析说明，铁路建设于铁路存量少、人口多、经济发达、城镇化率低的地区，将有利于提高客货运效率。货运与客运的差异在于地区面积对货运效率没有显著影响，其他的影响因素一致。

（3）公路客运使用效率影响因素分析

因变量为公路客运每公里周转量的自然对数，见表 5-17。

表 5-17　2005—2015 年公路客运使用效率影响因素分析回归结果

变量	混合 OLS 模型		固定效应模型		随机效应模型	
	系数	标准差	系数	标准差	系数	标准差
ln 公路里程	-0.881 ***	0.078	-0.840 ***	0.090	-0.882 ***	0.083
ln 人口数量	0.973 ***	0.056	0.611 ***	0.350	0.965 ***	0.081
ln 人均 GDP	0.432 ***	0.090	0.856 ***	0.125	0.645 ***	0.104
城镇人口百分比	-0.015 ***	0.004	-0.054 ***	0.009	-0.034 ***	0.007
ln 面积	-0.071 **	0.036	/		-0.182 ***	0.068
常数项	3.540 ***	0.546	3.488	2.713	4.050 ***	0.879
样本量	341		341		341	
F 检验值或 Wald 检验值	234.62 ***	34.77 ***	267.28 ***			
组内 R-squared		0.313	0.297			
组间 R-squared		0.238	0.823			
整体 R-squared	0.778	0.245	0.755			
Hausman 检验值			12.39			
Hausman 检验 P 值			0.0147			

注：*、** 和 *** 分别表示在 10%、5% 和 1% 的统计水平上显著。

Hausman 检验结果显著，应该拒绝原假设，选择固定效应模型作为最终结果。而混合 OLS 模型回归结果有变量的符号和显著性结果与固定效应模型一致。这 4 个因素的结果与铁路客运情况一致。

公路里程等 4 个因素对客运效率有显著影响。公路里程对客运效率有负向的显著影响。公路运营里程越长，客运效率越低。人口总量对客运效率有正向的显著影响。人口越多的地区，客运效率越高。人均 GDP 对客运效率有正向的显著影响。地区经济发展程度越高，客运效率越高。城镇化率对客运效率有负向的显著影响。城镇化率越高，客运效率越低。这可能是因为城镇化率越高，人口居住集中于城镇，居民利用公路进行长途客运的机会就越少。

（4）公路货运使用效率影响因素分析

因变量为公路货运每公里周转量的自然对数，见表 5-18。

表 5-18　2005—2015 年公路货运使用效率影响因素分析回归结果

变量	混合 OLS 模型		固定效应模型		随机效应模型	
	系数	标准差	系数	标准差	系数	标准差
ln 公路里程	-0.472***	0.136	-0.844***	0.131	-0.678***	0.125
ln 人口数量	0.677***	0.097	-0.028	0.509	0.760***	0.136
ln 人均 GDP	1.641***	0.158	1.805***	0.182	1.857***	0.159
城镇人口百分比	-0.042***	0.008	-0.004	0.013	-0.025**	0.010
ln 面积	-0.073	0.062	0.000	(omitted)	0.212*	0.115
常数项	-6.938***	0.958	-1.162	3.942	-11.355***	1.509
样本量	341		341		341	
F 检验值或 Wald 检验值	77.31***		145.28***		561.36***	
组内 R-squared			0.655		0.646	
组间 R-squared			0.109		0.424	
整体 R-squared	0.5357		0.172		0.486	
Hausman 检验值	19.11					
Hausman 检验 P 值	0.001					

注：*、**和***分别表示在 10%、5%和 1%的统计水平上显著。

Hausman 检验结果显著，应该拒绝原假设，选择固定效应模型作为最终结果，公路里程与人均 GDP 等两个变量显著，在其他两个模型中，这两个变量也显著。

公路里程对货运效率有负向的显著影响。公路运营里程越长，货运效率越低。人口总量对货运效率有正向的显著影响。地区经济发展程度越高，货运效率越高。城镇化率对货运效率有负向的显著影响。

公路的客运与货运效率影响因素分析说明，公路建设于公路存量少、经济发达的地区，将有利于提高客货运效率。货运与客运的差异在于地区人口数量、城镇化率、地区面积等三个因素对货运效率没有显著影响，其他的影响因素一致。

第三节 小结与讨论

本章从国家整体和省级地区两个角度分析中国改革开放以后，铁路、公路、水路、航空、管道等五种交通基础设施的建设情况与交通基础设施的使用效率。

从国家整体的角度看，中央和地方政府都重视并进行交通基础设施建设，交通基础设施存量增长迅速。交通基础设施的使用效率，包括客运和货运量都曾经长期增长。然而，受到人口增长缓慢、宏观经济降速运行、经济结构调整等多种因素叠加影响，近年来，市场对交通运输的需求发生了变化，在2015年前后需求量徘徊不前，虽然2016年以后又有所增长，但是未来总体的客货运需求可能难以大幅度增加。

分项来看，铁路、公路、水路运输占据交通运输市场的主体地位，未来大规模增长的空间不大。如果继续进行大规模的铁路、公路、码头航道建设，将产生互相竞争效应，总体的使用效率有可能下降，有些交通运输，比如公路客运效率的下降将更为明显。经营效益下降、成本回收难等问题可能会在下一阶段凸显，给财政和金融带来风险。当然，还会有一些项目较好。航空运输和油（气）管道运输市场可能还会有较大幅度的增长空间，可以作为未来的发展重点。

从省级地区的角度看，各省、直辖市、自治区在改革开放以后，都加强交通基础设施建设。利用《中国统计年鉴》中2005—2015年的数据分析，人均交通基础设施存量最大的是人口稀少、经济落后的西部省份，人均基础设施存量最少的是人口多、经济发达的沿海省份。但是从基础设施建设总量的倾向性看，经济发展因素有显著性影响，经济越发达的地区，所修建的铁路与公路越多。在高速公路的投资建设中，经济因素反而不起显著影响。

铁路客货运使用效率高的地区，有铁路存量少、人口多、经济发达、城镇化低等显著特征。公路货运使用效率高的地区，有公路存量少、经济发达等特征，公路货运效率高的地区还包括人口多、城镇化率低、地区面积小等特征。如果加强对铁路与公路的投资建设，那么需要考虑上述因素，选择重点区域进行投资。

上述分析仅仅从省级地区的角度进行，可能还比较粗糙。如果从地级市的角度进行，并对基础设施等级进行更为细致的区分，再进行分析，可能会得到更为精确的结论。

总的情况看，当前的基础设施存量已经比较大，各地、各种交通基础设施的使用效率也不尽相同。面对未来，应该充分考虑经济发展因素、使用效率、人口因素而进行基础设施投资和建设。基础设施投资，应该造福于全体公民；各地区的条件情况不尽相同，不能要求所有地区同步发展。应该把有限的资金，用于效率较高的项目或者地区，不一定要求所有地区都要建设高大上的基础设施项目。把基础设施投资与建设的目标设定为造福于广大人民群众，对于少数边远地区的居民来说，由于土地面积大、里程长，营建基础设施的成本非常高，可以采用迁移集中居住的办法，让地处边远地区的居民也享受到现代基础设施的服务，这将提高资金的使用效率，让基础设施更好地推动经济增长。

第六章　中国港口基础设施效率分析

港口（Port）是水陆交通的集结点和枢纽处，位于海洋、江河、湖泊的沿岸，具有水陆联运设备以供船舶安全进出和停泊的运输枢纽。就功能而言，港口具有船舶停泊、装卸货物、上下旅客、补充给养等功能。港口可以分为海港和河港两种，两者也有关联，很多海港位于河流的入海处。港口是水路建设的重点，也是水运市场的研究重点。

本章将分析中国基础设施建设的重要方面——港口建设情况和效率问题。

第一节　中国港口投资与建设历年情况

中国是面积辽阔、海岸线漫长的国家。根据中国政府公布的数据①，中国陆地面积约 960 万平方公里，东部和南部大陆海岸线 1.8 万多公里，内海和边海的水域面积约 470 万平方公里。海域分布有大小岛屿 7600 多个。中国是世界上河流最多的国家之一，有许多大江大河，包括长江、黄河、黑龙江、珠江等众多注入海洋的外流河，也有与海洋不相沟通的内流河。中国的海岸线长，河流众多，所以建设了很多港口。

交通运输部《2018 年交通运输行业发展统计公报》显示，2018 年末全国内河航道通航里程 12.71 万公里，比上年增加108 公里。等级航道里程 6.64 万公里，占总里程 52.3%，提

---

① 中华人民共和国中央人民政府网站：http://www.gov.cn/guoqing/.

高 0.2 个百分点。三级及以上航道里程 1.35 万公里，占总里程 10.6%，提高 0.8 个百分点。2010 年和 2014 年至 2018 年，全国内河航道通航里程分别为 12.42 万，12.63 万、12.70 万、12.71 万、12.70 万、12.71 万公里，从 2010 年至 2018 年 9 年间增长 2.33%。

参考交通运输部多年的《交通运输行业发展统计公报》，全国港口在 2005 年末、2010 年末、2018 年末的泊位建设情况如表 6-1 所示。2005 年为"十五"的末年，2010 年为"十一五"末年，2018 年为最新数据，为"十三五"的第三年。全国港口建设在改革开放以后突飞猛进。万吨级及以上泊位有大幅度增长，三个阶段分别为 1034 个、1661 个、2444 个。不断加强大型泊位的建设，十万吨及以上的泊位在三个阶段分别为 49 个、196 个、397 个。可以看到，2005 年末至 2018 年末，全国港口吞吐能力增长超过一倍。沿海港口建设重点围绕煤炭、集装箱、进口铁矿石、粮食、陆岛滚装、深水出海航道等运输系统进行，特别加强了集装箱运输系统的建设。中国已经建成上海港、深圳港、青岛港、天津港、广州港、厦门港、宁波港、大连港等在世界航运市场具有重要影响力的港口。

表 6-1　2005 年末、2010 年末、2018 年末已建成港口泊位情况

泊位吨级	全国港口	沿海港口	内河港口
2005 年底总体	30398	4289	26109
2005 年底〔1, 3）万吨级	582	476	106
2005 年底〔3, 5）万吨级	206	155	51
2005 年底〔5, 10）万吨级	197	167	30
2005 年底 10 万吨级及以上	49	49	0
2005 年底万吨级及以上	1034	847	187
2010 年底总体	31634	5453	26181
2010 年底〔1, 3）万吨级	692	538	154

续表

泊位吨级	全国港口	沿海港口	内河港口
2010 年底〔3, 5）万吨级	297	207	90
2010 年底〔5, 10）万吨级	476	407	69
2010 年底 10 万吨级及以上	196	191	5
2010 年底万吨级及以上	1661	1343	318
2018 年底总体	23919	5734	18185
2018 年底〔1, 3）万吨级	845	656	189
2018 年底〔3, 5）万吨级	416	294	122
2018 年底〔5, 10）万吨级	786	672	114
2018 年底 10 万吨级及以上	397	385	12
2018 年底万吨级及以上	2444	2007	437

第二节　中国港口使用效率分析

　　港口码头泊位的建设支撑起水运。虽然两者之间不能完全对应，但是从水运的发展情况，可以了解港口的使用效率。

　　水运是使用船舶运送旅客或者货物的运输方式，可以承担起大量、长距离的运输，按照运输的航道不同划分，运输方式分为内河运输、沿海运输、近海运输、远洋运输等四种。如表 5-3 所示，2018 年，水运在货运市场上占有 48.39% 的市场份额，在各种运输方式中排名第一；客运市场只占 0.23%，排名第四。水运主要用于货运，客运越来越少，几乎可以忽略。其与公路运输有相似之处，但是两者的市场有明显的区分。公路用于陆路运输，港口与航道建设用于水路运输，特别适合超远程运输，如远洋运输。

　　下面从时间的角度观察全国水运市场发展情况。1978—2018 年全国水运发展情况如表 6-2 所示。

表 6-2　1978—2018 年全国水运建设与运输总体情况

年份	内河航道营业里程/万公里	内河航道营业里程增长率/%	每公里内河航道GDP/万元	水路客运周转量/亿人公里	水路客运平均运距/公里	水路货运周转量/亿吨公里	水路货运平均运距/公里
1978	13.6	-1.02	270.493	100.63	44	3779.16	873
1979	10.78	-20.74	373.284	114.01	47	4564.2	1056
1980	10.85	0.65	386.138	129.12	49	5052.76	1184
1981	10.87	0.18	404.342	137.81	50	5149.89	1241
1982	10.86	-0.09	432.127	144.54	52	5477.12	1236
1983	10.89	0.28	473.361	153.93	57	5787.62	1284
1984	10.93	0.37	554.931	153.53	59	6335.01	1351
1985	10.91	-0.18	636.15	178.65	58	7699.9	1216
1986	10.94	0.28	678.931	182.06	53	8647.87	1042
1987	10.98	0.37	740.182	195.92	50	9465.06	1169
1988	10.94	-0.35	779.552	203.92	58	10070.38	1128
1989	10.9	-0.37	750.174	188.27	59	11186.8	1279
1990	10.92	0.18	798.654	164.91	61	11591.9	1447
1991	10.97	0.46	896.326	177.2	68	12955.4	1554
1992	10.97	0.00	1041.158	198.35	75	13256.2	1433
1993	11.02	0.46	1185.327	196.4	73	13860.8	1415
1994	11.024	0.03	1301.874	183.5	70	15686.6	1465
1995	11.06	0.33	1397.351	171.8	72	17552.2	1551
1996	11.08	0.18	1507.996	160.57	70	17862.5	1402
1997	10.98	-0.90	1642.905	155.7	69	19235	1696
1998	11.03	0.46	1761.859	120.27	59	19405.8	1771
1999	11.65	5.62	1798.652	107.28	56	21262.8	1855
2000	11.93	2.40	1936.798	100.54	52	23734.2	1939
2001	12.15	1.84	2087.992	89.88	48	25988.9	1959
2002	12.16	0.08	2309.03	81.8	44	27510.6	1940
2003	12.4	1.97	2526.194	63.1	37	28715.8	1817
2004	12.33	-0.57	2879.708	66.3	35	41428.7	2211
2005	12.33	0.00	3274.169	67.77	34	49672.3	2261
2006	12.339	0.07	3775.878	73.58	33	55485.75	2231.004
2007	12.35	0.09	4433.145	77.78	34	64284.846	2286.098

年份	内河航道营业里程/万公里	内河航道营业里程增长率/%	每公里内河航道GDP/万元	水路客运周转量/亿人公里	水路客运平均运距/公里	水路货运周转量/亿吨公里	水路货运平均运距/公里
2008	12.276	-0.59	4979.322	59.18	29	50262.705	1706.655
2009	12.368	0.75	5438.128	69.38	31	57556.672	1804.307
2010	12.424	0.45	6201.094	72.27	32	68427.526	1805.719
2011	12.461	0.30	6949.724	74.53	30	75423.836	1770.646
2012	12.499	0.31	7457.52	77.48	30	81707.579	1781.266
2013	12.585	0.69	7951.715	68.33	29	79435.651	1419.039
2014	12.628	0.34	8405.423	74.34	28	92774.556	1550.681
2015	12.7	0.57	8773.797	73.08	27	91772.451	1495.72
2016	12.710	0.1	9279.248	72.327	26.557	97338.802	1525.118
2017	12.702	-0.1	10135.981	77.664	27.443	98611.246	1476.557
2018	12.713	0.1	10880.323	79.574	28.438	99052.815	1409.635
2018年与1978年的比较	0.935	/	40.224	0.791	0.646	26.210	1.615

　　1978—2018年，水路运输得到一定的发展，体现出三方面的特点。

　　第一，内河航道建设虽然得到一定发展，但是进展缓慢，重要性逐渐降低。1978年内河航道13.6万公里，1979年减少到10.79万公里，直到2015年才增长到12.7万公里。虽然每公里内河航道GDP大幅度增加，2018年高达10880.32万元，但这并不意味着河运对国民经济的重要性，相互国民经济对内河航道的依赖性很低。

　　第二，水路客运业务量发展经历了倒U型过程后又重新增长，但是未来的增长空间有限。20世纪80年代，水路客运业务量曾经发展迅速，在1988年达到高峰，而后徘徊不前，并且具有长期下降的趋势，近年来在客运市场上占有率不到1%。水路客运平均运距也处于长期下降的趋势中，近年来不足30公里，显示了以内河、短途为主的特点。

　　第三，水路货运以远洋运输为主，业务量大幅度增长，但已经出现业务增长缓慢的现象。水路货运平均距离从 873 公里增长到最高时的 2236 公里，2018 年也有 1409.635 公里，显示了水运以海洋运输为主。货运业务周转量实现 23 倍多的增长。值得注意的是，2015 年周转量比 2014 年小幅减少，而 2016 年又开始小幅度增长。展望未来，随着国家经济规模的扩大、经济结构的调整与国际形势的变化，中国对外贸易增长的速度可能放缓，水路货运业务量大幅度增长的时机可能已经结束，未来增长空间有限。远洋运输的货运周转量占水运的一半左右，2018 年的数据为 52.4%。由于内河运输逐渐被公路运输所取代远洋运输在水运中的市场份额有可能进一步增长。

第三节　小结与讨论

对比第一节、第二节的数据，全国港口建设从 2005 年到 2018 年增长很快，大型泊位增长一倍以上。水路货运周转率同期也增长了 1.99 倍。港口建设逐步转向大型泊位，提供给大型轮船，发展远洋运输倾向明显。放眼未来，由于我国经济增长放缓，经济总量与进出口基数已经很大，未来若干年大幅度增长的可能性不大。如果继续扩建码头泊位、修建航道，未必有相应的市场需求与之对应。由此，在海洋港口建设方面，应该适宜放缓建设，注重经济实效、注重海洋生态环境保护，而不是继续大幅度推进港口建设。

第七章 基础设施投资如何
影响经济增长

第一节 引 言

一、 理论分析

本章将从投资的角度，分析中国基础设施投资如何影响经济增长。如前所述，基础设施投资对经济增长的贡献主要来自两方面。一是把基础设施作为一种生产要素，直接参与到生产中，这是长期效应。在不考虑成本的前提下，增加基础设施投资将有助于提高潜在生产力。二是把基础设施作为一种投资，增加总需求，直接拉动经济增长，这是短期效应。在短期内，增加投资将通过乘数使得总需求扩大。但在中短期，通过加速扩大总需求，造成经济的周期波动。基础设施在宏观经济总需求结构中也有挤出效应，可以挤出居民消费、企业投资，妨碍经济增长。在第四章中已经对这些进行了详细阐述，同时也分析了最优经济增长的基础设施投资增量，即经济增长的均衡点。另外，基础设施每年有一定的折旧，为了维修维护已有的基础设施，每年都需要有一定比例的投资弥补折旧。

二、 背景

基础设施作为一种生产要素，在宏观经济产出中必须符合一定的配比，才能与劳动力、实业投资良好地结合推动经济增长，第四章对该问题进行了数理分析。具体来说，基础设施投资从两个方面影响经济增长。

第一，新增基础设施投资。每年的基础设施投资在生产总值中的占比要符合一定的比例，才能推动经济增长。国民经济的分配至少包括投资与消费两大部分。投资包括基础设施投资与实业投资两部分。基础设施投资的用途可分为两部分。一是弥补折旧，二是新增基础设施存量，即需要根据实业投资与社会民生发展的形势，投资一些新的基础设施。极端情况下，如果在年度中不进行基础设施投资，即便年初基础设施存量很大，可供使用，但是如果不投资以进行维修维护，在短期内就有可能导致有些基础设施损坏而无法使用，从而使得经济运行不顺畅。或者，如果把国民经济中的投资部分全部用于基础设施投资，而没有实业投资，实业生产的折旧无法得到补偿，那么有可能导致经济瘫痪；更不要说把消费部分也用于基础设施投资，那么社会可能停滞乃至覆灭。基础设施在生产总值的比例必须大于零，而小于投资总额，只能占投资总额和国内生产总值的一部分，并不是越多越好。

第二，基础设施存量。基础设施实物存量和质量会对经济增长产生不同影响。当基础设施存量相对人口与实业投资较少时，或者质量较差时，则需要补短板，当期的投资值大一些。当基础设施存量较大、质量较好时，则基础设施投资值可以较小，而把较多的资源用于实业投资上。在现实中，基础设施投资在不同的历史阶段有不同的意义。

中国基础设施投资曾经有力地推动了经济增长。在改革开放初期，相对于大量的人口，中国基础设施存量较少，道路拥挤，交通基础设施薄弱，电力建设滞后，经常停电。基础设施是经济发展中的一块短板。只要对基础设施增加一点投资，其就能够迅速地与劳动力、资本结合，形成生产力。自那时起，从中央到地方，各级政府都把基础设施投资作为大事来抓，使得基础设施作为生产要素迅速地融合到国民经济中，推动产出增长。在这个过程中，基础设施投资一直不停，使得基础设施存量不断增长。每次国民经济过热的时候，拉闸限电，火车运力不够用，基础设施成为制约经济增长的瓶颈。中央不得不进行宏观调控，让经济增长速度降下来。基础设施的瓶颈作用是那个时代导致经济过热的重要因素。每次宏观调控、国民经济增速下降的时候，用电量、运输量依然持续增长。基础设施一直处于供不应求的状态。基础设施投资跨越经济周期，成为推动经济增长的重要因素。

如今，中国基础设施投资很可能不再是推动经济增长的重要因素。在中国基础设施持续投资 30 多年以后（2010 年以后），基础设施存量巨大，基础设施的使用量，比如客运量、货运量、用电量有时下降呈现两个特征。一是基础设施不再供不应求，而是有时供过于求。相对于劳动力和资本，基础设施存量已经不再是经济发展中的短板，有些基础设施在某些地方使用效率很低。二是基础设施投资对推动经济增长不起作用。在一些地广人稀的地区，人均基础设施占有量已经处于较高水平，如果继续加大基础设施投资，对该地区的生产力没有帮助，反而有可能挤占其他方面的资源，比如引起物价上涨，压缩消费和实业投资。如果人力资源、实业资本在既定条件下，当基础设施存量大于一定程度时，基础设施投资将可能不再对经济增长有显著影响，甚至到了一定程度以后，还有可能因为其挤出效应而成为阻碍经济增长的因素。中国现在到了哪个阶段？我们不能完全确定，需要用数据来验证。

三、 验证方法

为了验证上述观点，运用经验研究的方法进行分析。Grier&Tullock（1989）、Kormendi & Mequire（1985）、范九利和白暴力（2004a）、Canning & Pedroni（2008）、Devarajan et al.（1996）、Ghali（1998）、王任飞和王进杰（2007）、黄寿峰和王艺明（2012）、夏业良和程磊（2011）等研究了基础设施与经济增长之间的关系。孙早、杨光、李康（2014）使用1985—2012 年的电力、燃气及水生产和供应业，交通运输业、仓储和邮政业全社会固定投资等基础设施投资的时间序列数据，检验了基础设施与经济增长的关系，结果显示两者之间存在倒 U 型关系，2011 年与 2012 年非常接近于拐点值，基础设施投资对经济增长的贡献正在下降。

如今在各种统计口径中，有关基础设施投资的数据并不全面，从国家统计年鉴到省级统计年鉴，都没有公布基础设施投资数据，本书只能使用与基础设施相关的行业的固定资产投资数据作为基础设施投资数据。下文将借鉴上述研究，对计量模型进行延伸，并且拓展基础设施投资数据所包括的投资范围，使基础设施投资数据更加全面，分析基础设施投资对经济增长的影响。

表 7-1 描述了 1989—2018 年不变价格 GDP、经济增长率、基础设施投资占 GDP 的百分比、基础设施积累投资占 GDP 的百分比。数据均来源于《中国统计年鉴 2019》，不变价格 GDP 使用《中国统计年鉴 2019》中各年份当年价格 GDP 除以当年 CPI 指数而得到（1978 年 CPI 指数 = 100），经济增长率直接使用《中国统计年鉴 2016》中的数据。基础设施投资率使用《中国统计年鉴 2016》与《中国统计年鉴 2019》中的电力、热力、燃气及水生产和供应业投资，交通运输、仓储和邮政业投资，水利、环境和公共设施管理业投资等三项投资当年价格之和除以当年价格 GDP。孙早等（2014）的研究使用的只是前两项投资，研究的基础设施投资涵盖范围有限，而且使用的是 1985—2012 年的数据，对于 2013—2015 年这三年的数据没有涉及。第五章中已经说明，从 2012—2015 年，中国交通运输市场处于徘徊甚至下降的状态，而且交通基础设施的使用效率也处于下降的状态，但是 2016 年以后又恢复上升，很有必要研究近几年的情况。

下文将水利、环境和公共设施管理业投资列入基础设施投资数据中，研究 1989—2018 年期间中国基础设施投资对经济增长的影响。《中国统计年鉴 2016》中仅包含前两项的数据。2003—2015 年的基础设施投资数据包括了所有三项数据。在

表 7-1 中，"基础设施投资率-原值"中，1989—2002 年的数据包括前两项，2003 年以后包括三项。由于数据项目的差异，2002—2003 年的占比变化比较明显。如何弥合两个时期的数据差？对于 2003—2015 年的数据，求三项数据对前两项数据的倍数，得到 1.586 倍。对 1989—2002 年的两项数据之和乘以 1.586 倍，得到加权后的综合基础设施投资率，以此命名为"基础设施投资率"。2018 年的数据使用《中国统计年鉴 2019》的数据，2015—2017 年的数据使用《中国统计年鉴 2018》的数据。

基础设施存量是重要的生产要素，因此对其进行考察也十分必要。基础设施积累投资率，就是把 1989—2018 年各年份的基础设施投资率求和。同样地，表 7-1 中的"基础设施积累投资率-原值"与"基础设施投资率-原值"对应，"基础设施积累投资率"与"基础设施投资率"对应。

表 7-1　1989—2018 年基础设施投资与经济增长率统计描述

年份	不变价格 GDP/亿元	经济增长率	基础设施投资率-原值	基础设施积累投资率-原值	基础设施投资率	基础设施积累投资率
1989	8176.915754	4.20%	2.68%	2.68%	4.25%	4.25%
1990	8721.303142	3.90%	3.06%	5.57%	4.85%	8.83%
1991	9832.707775	9.30%	3.48%	8.42%	5.52%	13.36%
1992	11421.46157	14.20%	3.73%	10.98%	5.91%	17.41%
1993	13062.32149	13.90%	4.68%	14.28%	7.42%	22.65%
1994	14351.57864	13.00%	5.19%	18.19%	8.23%	28.84%
1995	15454.74931	11.00%	4.64%	21.53%	7.36%	34.15%
1996	16708.60866	9.90%	4.72%	24.63%	7.49%	39.07%
1997	18039.14913	9.20%	5.19%	28.01%	8.23%	44.42%
1998	19433.28011	7.80%	6.34%	32.33%	10.05%	51.28%
1999	20954.28043	7.70%	6.21%	36.19%	9.85%	57.41%
2000	23106.01382	8.50%	6.11%	38.93%	9.68%	61.74%
2001	25369.13043	8.30%	5.69%	41.15%	9.03%	65.27%
2002	28077.8316	9.10%	5.63%	42.81%	8.93%	67.90%
2003	31324.82334	10.00%	10.64%	49.01%	10.64%	74.10%

续表

年份	不变价格 GDP/亿元	经济增长率	基础设施投资率-原值	基础设施积累投资率-原值	基础设施投资率	基础设施积累投资率
2004	35506.84511	10.10%	11.44%	54.68%	11.44%	79.77%
2005	40370.45259	11.40%	12.52%	60.60%	12.52%	85.70%
2006	46589.91507	12.70%	13.16%	65.67%	13.16%	90.77%
2007	54718.86143	14.20%	12.50%	68.39%	12.50%	93.48%
2008	61076.06658	9.70%	13.01%	74.25%	13.01%	99.35%
2009	67151.77264	9.40%	16.98%	84.47%	16.98%	109.56%
2010	76873.58702	10.60%	17.09%	90.83%	17.09%	115.92%
2011	86361.09735	9.50%	13.79%	94.59%	13.79%	119.69%
2012	92906.67587	7.90%	14.39%	102.27%	14.39%	127.36%
2013	99691.19032	7.30%	15.81%	111.07%	15.81%	136.16%
2014	105699.7857	7.30%	17.43%	122.15%	17.43%	147.24%
2015	111507.2984	6.90%	19.20%	135.56%	19.20%	160.65%
2016	117937.9761	6.70%	20.58%	156.14%	20.58%	181.23%
2017	128745.7725	6.80%	21.12%	177.26%	21.12%	202.35%
2018	138317.6371	6.60%	19.66%	196.92%	19.66%	222.01%

从表7-1可见，以加权后的基础设施投资率为准考察问题更合理。1989—2018年这30年，基础设施投资从绝对数到占比总体上呈现增长的趋势。在1998年以前，基础设施投资率保持在10%以下。东南亚金融危机爆发以后，政府花大力气执行积极财政政策进行一轮交通基础设施投资，这个比率才刚刚达到10%，随后又下降。只有在2003年以后，政府加大基础设施投资力度，水电、交通和水利三项基础设施投资的比率才突破10%，并且随后不断增长，从10.64%增长到19.20%，占比提高80%。1989—2015年，基础设施投资率从4.25增加到19.20%，增长了3.51倍，国民经济支出结构发生重大变化。从2016—2018年，基础设施投资率继续攀升，2017年达到顶峰21.12%。

近10年来，经济增长率逐年下降，进入经济发展的"新常态"。在图7-1中，有两条曲线，分别为经济增长率与基础设施投资率。横坐标从 1989 年到 2018 年。纵坐标为经济增长率与基础设施投资率。从图 7-1 可见，在 30 年间，基础设施投资率呈现总体提高的趋势，而经济增长率似乎出现倒 U 型的增长趋势。经过改革开放以来 40 多年的投资，基础设施已经积累了巨大存量，就以 1989—2018 年为例，上文指出的三项投资值已经积累占 2018 年 GDP 的 222.01%。

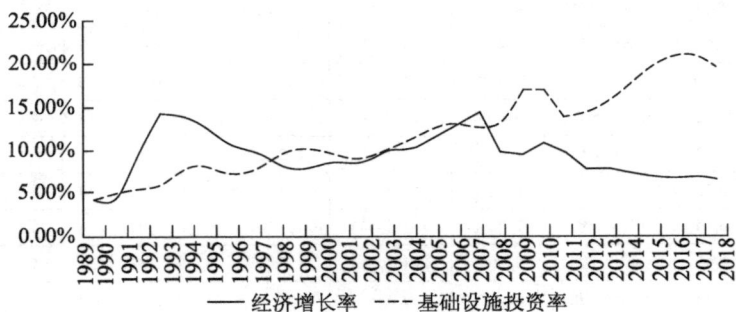

图 7-1　1989—2018 年基础设施投资率与经济增长率示意图

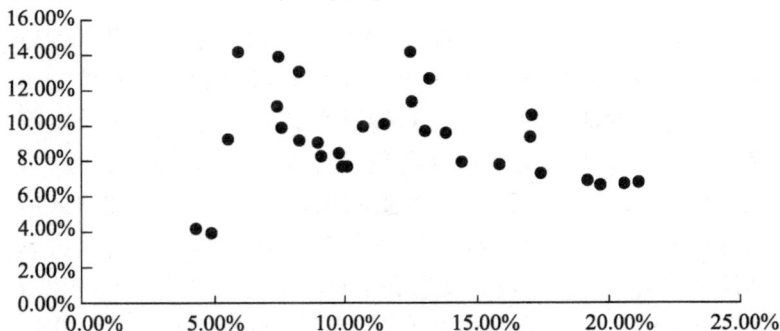

图 7-2　基础设施投资率与经济增长率分布散点图

图 7-2 中，将基础设施投资率与经济增长率合并为一个点，横坐标为基础设施投资率，纵坐标为经济增长率。两者之间似乎有倒 U 型的关系。下文将使用计量模型，对基础设施投资对经济增长率的影响进行拟合，以验证基础设施投资对经济增长的影响是否具有倒 U 型的趋势。

第二节　基础设施投资与经济增长的有关分析

一、　理论分析

宏观经济的生产要素有很多方面，包括人力、资本投资、土地、基础设施等等。经济增长的推动力既有物质因素，也有效率因素。中国经济增长是国家经济发展的核心问题。

在2008年以前的若干年，中国经济快速增长，每年国内生产总值增长率连续超过10%，2007年更是达到14.20%的高度。2008年美国爆发金融危机，波及全球，中国当年第四季度的增长率突降至6.8%。当时，党中央、国务院采取加大基础设施投资等刺激性措施，使经济增长率快速地走出谷底，2009年经济回温，恢复到9.4%，2010年达到10.60%。然而自此以后，中国经济增长率就连续下降，到2019年降至6.10%。中国经济增长率下降，引起多方高度关注。从2011年至今，从中央到地方政府，采取了各种措施稳定经济，刺激需求，包括鼓励消费和出口等。但是市场需求依然不旺盛，尽管由于前期的刺激措施导致政府，特别是地方政府债务包袱沉重，但是依然多次采取加大基础设施投资等刺激性措施。由此，我们可以从表7-1观察基础设施投资率的变化情况。在2010年左右，由于中国经济增长率快速走出谷底，因此刺激需求的措施退出，2011年以后，需求不足，政府又采取不断加大基础设施投资、放松银根等财政与金融措施刺激经济。而加大基础设施投资力度，在有些地方有可能导致拖欠工程款项等问题，间接挤占了实业投资与居民消费，影响经济增长。加大基础设施投资，且说有些是基于国民经济发展的长远规划，但是有时候是不得已而为之的事情。

学界使用了多种计量方法验证基础设施与经济增长的关系，我们也可以做出类似的分析。比如我们可以借鉴孙早等（2014）使用的计量模型，设计以下模型：

$$G_t = a_0 + a_1 R_t + a_2 R_t^2 + a_3 X + \varepsilon_t \qquad (7\text{-}1)$$

因变量 G_t 为（$\mathrm{GDP}_t - \mathrm{GDP}_{t-1}$）/$\mathrm{GDP}_{t-1}$，即经济增长率，使用《中国统计年鉴 2016》中提供的 GDP 指数（以上一年度为 100），具体数据如表 7-1 所示。

R 为基础设施投资占 GDP 的百分比，即为基础设施投资率。X 为其他控制变量，包括人口结构、城镇化率、人均国内生产总值、经济发展阶段等。使用人口结构、城镇化率与人均GDP 三个变量作为模型的控制变量。人口结构（劳动人口的比率）反映了生产中的劳动力要素投入，城镇化率从"质"的角度反映了发展的阶段，具有"质"的概念，人均 GDP 从量的角度反映经济发展阶段。人口结构指标为劳动人口占总人口的比例，即 15～64 岁人口占所有人口的比例。人口结构比较稳定，劳动人口的占比前值较小，后值较大，近几年有所下降。城镇化率为城镇人口占总人口的比率。人均 GDP 抵扣了CPI 因素，不断增长。使用第三产业所占比重来标识经济发展阶段，随着经济发展，第三产业发展速度快于第一、第二产业，比重逐步上升。

随着研究的深入，我们发现这十年与以前相比发生了重大变化。从供给端看，改革的深入，以及移动互联网、物联网、大数据、云计算、区块链、人工智能等新兴信息技术的产生，带来了诸多新兴产业，提高了经济运行效率，助推经济增长。从需求端看，国内需求不旺，国际贸易又难以继续大幅度提高。宏观经济中的总供给大于总需求的问题没有能够得到有效解决，总需求不足成为经济增长的短板。只能通过扩大政府支出，加大基础设施投资力度，以提高总需求和经济增长速度。总需求不足的主要原因不在基础设施投资问题上，模型 7-1 应该加入更为重要的变量，才能用于基础设施投资与经济增长的经验研究，但是对于更为重要的变量的探讨，已经超越了本书范围，暂不在此讨论。由此，我们如果简单地套用计量模型进行运算，即使得出经济增长下行，是由于基础设施投资过大或者过小的结论，但是由于缺乏充足的经济学逻辑，也恐有

"拷打数据"之嫌，而不敢轻易相信。

下面我们将对基础设施与经济增长率的有关数据作简单的分析。

二、 基础设施与经济增长率的有关数据分析

1. 统计描述

基础设施投资率与经济增长率的有关情况如表 7-1 所示，对上述变量的数据作统计描述，如表 7-2 所示。在 1989 至 2018 年的 30 年间，经济增长率有一定的波动，从 3.9% 到 14.2%。基础设施投资率的波动更大，从 4.25% 到 21.12%。

表 7-2　基础设旌投资、经济增长率等相关变量的统计描述

变量	指标	均值	标准差	最小值	最大值	样本量
经济增长率	GDP 增长率	9.25%	2.63%	3.9%	14.2%	30
基础设施投资率	基础设施投资占 GDP 百分比	11.87%	4.87%	4.25%	21.12%	30
人口结构	65 岁及以上人口占所有人口的比例	7.92%	1.76%	5.57%	11.9%	30
城镇化率	城镇人口占总人口比率	41.36%	11.07%	26.21%	59.58%	30
人均 GDP（万元）	抵扣 CPI 指数以后的 GDP 除以人口总量	0.3812	0.2927	0.073	0.9913	30

2. 相关性分析

30 年间，基础设施投资率与经济增长率的相关性为 -0.1992，而 2010—2018 年的相关性为 -0.6446。

3. 初步的计量分析

利用 1989—2018 年的数据，使用 OLS 方法对式（7-1）进行估计，得到的结果如表 7-3 所示。

表 7-3　基础设施投资对经济增长影响计量分析结果

变量	系数	标准差
基础设施投资率	2.6697**	0.9055
基础设施投资率平方项	−8.5064**	3.1414
人口结构	0.7154	2.1487
城镇化率	−0.4712	0.2867
人均 GDP	0.0295	0.1159
截距项	0.0420	0.1074
F 值	2.91**	
R-squared	0.3771	
Adj R-squared	0.2474	
DW	0.8000	
样本量	30	

注：＊表示在 10% 的水平上显著，＊＊表示在 5% 的水平上显著，＊表示在 1%的水平上显著。

对数据做杜宾-瓦特森检验（DW 检验），可得 $DW = 0.7998952$。当 $N=5$，$k=30$ 时，$D_L=1.071$，$D_U=1.833$，而 $DW<D_L$，在 0.05 的显著性水平下，可以拒绝数据存在正相关的假定。

简单的计量分析显示，基础设施投资率的一次项和平方项均为显著的变量，而且平方项的系数为负数，这说明基础设施投资率与经济增长率之间似乎存在倒 U 型关系。当基础设施投资率较低时，适当提高投资率，可以提高经济增长率。当基础设施投资率处于一定值时，再增加基础设施投资率，将会降低经济增长率。而且如果利用这个模型的二次项关系，似乎能够得到倒 U 型的底部位置，即经济增长的顶部在基础设施投资率 $R = -a_1/(2 \times a_2)$，代入模型的估计系数，可得 $R = 15.69\%$，这就是数据得到的"最优的基础设施投资率"，接近于 2013 年的基础设施投资率水平。然而，本书并不想以此作为结论，因为这个计量模型的经济学基础并不是作者所赞成的。2013 年以后，多次加大基础设施投资力度，高于 $R = 15.69\%$ 的水平，很多时候是不得已而为之。对这个计量模型本来可以使用时间序列分析方法或者更进一步的检验，以便提出更加稳健的结论，但也没有必要了。

模型 7-1 和表 7-3 给出的有意义信息是，加大基础设施投资力度，虽然有可能暂时稳定经济增长速度，但是从长期看，不一定对经济增长有促进作用，有时候似乎还表现出阻碍经济增长的作用。

第三节　基础设施投资积累与经济增长分析

表 7-1 显示，经过改革开放 41 年的建设，中国已经积累了巨大的基础设施存量。1989—2018 年，电力、热力、燃气及水生产和供应业投资及其他两项投资已经积累占 2018 年 GDP 的 196.92%。基础设施积累投资率虽然仅用 1989 年以后的投资积累值除以当年 GDP，积累值不代表所有的基础设施存量，也没有剔除维修维护等折旧因素，但是随着年份的累积，尤其是近年来大幅度投资，1989 年以后的投资积累值已经可以反映相当大的存量因素。如果考虑三项投资值，并且做数据处理，那么积累值占 2018 年 GDP 的 222.01%。

图 7-3 是基础设施投资积累率与经济增长率的曲线图。图 7-3 的横坐标为从 1989 年开始的年份，纵坐标为经济增长率与基础设施投资积累率。由图 7-3 可见，随着投资积累率的增长，刚开始经济增长率似有上升趋势，而后面却似有下降的态势。

图 7-4 为基础设施投资积累率与经济增长率的分布散点图，横坐标为基础设施投资积累率，纵坐标为经济增长率。随着基础设施投资积累率的不断提升，经济增长率经历了先上升，最近几年下降的态势。两者的相互关系有倒 U 型的趋势，

也有正 U 型的部分，总体看有 M 型的样子。

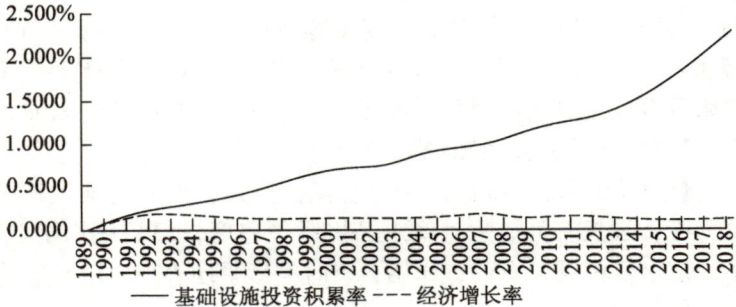

图 7-3　基础投资积累率与经济增长率曲线图

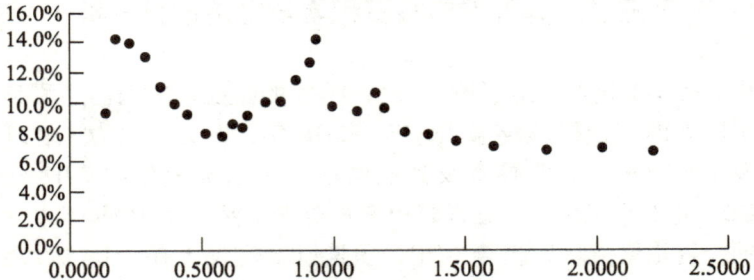

图 7-4　基础设施投资积累率与经济增长率分布散点图

　　虽然有数据，但是在没有严密的理论逻辑之前，不使用计量分析方法来分析数据。基础设施投资积累率，也就是基础设施的存量与经济增长之间没有发现存在必然联系。

第四节　对数据的进一步解释与讨论

　　在现有的统计方法、统计年鉴中没有基础设施投资数据，所以现有的研究只能使用与基础设施有关的产业投资数据，这些研究使用的数据并没有涵盖所有的基础设施投资，因此现有的研究都是不完整的。本书也不能例外，但是本书的研究使用了三方面的投资数据之和，应用了迄今为止最新的数据，得到了基础设施投资与经济增长之间似乎呈现出倒 U 型关系的判断。我们虽然不能简单地以计量模型来推断经济学逻辑关系，但是至少可以得到如下结论：基础设施投资对经济增长不是必然有效。

本书第五章证实了近年来中国交通运输市场多种交通运输方式的客货运周转量与使用效率呈现阶段性下降或者增长迟缓的态势。本章对数据进行初步分析，以求证基础设施投资对经济增长不必然有效。从更长期的角度看，三项基础设施的投资从 2006 年以后就明显升高。特别是从 2008 年末开始陡升，2011 年开始退出积极的财政政策，基础设施投资力度减弱，但是由于经济增长速度下行，不得不在 2014 年又开始实施实质性的积极投资措施，但是我们发现，与以往相比，近十年来，基础设施投资对经济增长的效果很弱，甚至有可能起相反的作用。

在以往对中国基础设施投资所做的经验研究中，大多数认为基础设施投资对经济增长做出了贡献，并没有指出过多的基础设施投资也有可能阻碍经济增长。这些研究大多数也是在 2010 年以前完成的，当时中国基础设施存量还不算太多，比如交通运输市场还有增长空间，继续大规模进行基础设施投资还有推动经济增长的空间。在这个历史阶段得到这样的经验结论也就不足为怪。在本书的第九章将可以看到，2006 年以后，中国加大投资力度，特别是在经济不景气的时候，政府应用凯恩斯主义，提高投资率，以较为宽松的财政政策和货币政策推动基础设施投资，希望提升经济增长速度，但实际效果已经衰减。

2008 年底开始实施应急策略，应对金融危机。时至今日，中国还没有走出积极财政政策、大幅增加基础设施的做法，还以短期的做法来提升长期的增长，近年来的经济增长率逐步走低。从长期的角度来看待当前的基础设施投资与经济增长关系；虽然这几年经济增长率处于下降或者整理中，将来经济增长率也有可能重新走高，然而基础设施对经济增长的推动作用

在将来可能也是非常有限的。原因有三:

第一，基础设施投资存量已经非常巨大，边际收益下降。在存量巨大、人口增长乏力的情况下，对基础设施的需求没有大幅度增长的可能性，何况现有的基础设施多数是在近十年来所修建的，重新修建既没必要也没可能。

第二，基础设施投资占国内生产总值的比例很大，不太可能有继续大规模扩大的空间。如表7-1所示，三项基础设施投资在2017年占国内生产总值已经达到21.12%，公共支出还需要投资于其他基础设施和政府支出，政府总消费支出和投资支出所占比例比较大。在第九章可以看到，近年政府消费支出和投资率很高，而居民消费远远低于其他大国的正常水平。如果继续提高投资比例，将进一步挤占居民消费，对经济发展与社会民生造成冲击。

第三，经济结构的转型降低了对基础设施的依赖性。中国经济改革开放已经超过40年，发展到了现在，产业结构的重心从发展重化工业到轻工产品，现在已经完成了工业化的过程。从产值的比重到就业人口的比重，已经从以发展第二产业工业为主逐步转型到以发展第三产业为主。根据《中华人民共和国2019年国民经济和社会发展统计公报》，2019年第三产业增加值已经占国内生产总值的53.9%，而且第三产业的增长速度继续快于第二产业和第一产业，第三产业增加值的占比将继续上升。

第一产业农业倚重水利基础设施，第二产业工业倚重交通能源基础设施，第三产业对水利、交通这些传统的基础设施倚重相对较少。随着供给侧结构性改革的进展，去产能的过程还会继续，第二产业产值占比可能会下降，将来甚至可能发生局部的绝对值下降，那么经济对基础设施的需求可能也会下降。再采取大幅度增加基础设施来推动经济增长的做法，不能够从增加要素的角度推动经济增长，没有长期效应；最多只能短期刺激经济，留下债务，不利于经济的长期增长。

本章对基础设施与经济增长的相关数据进行分析，数据显示基础设施投资对拉动经济增长的效果已经减弱，甚至呈现出拉动效果的拐点。从短期看，从 2013 年开始，从长期看，从 2009 年开始，基础设施投资对经济增长的作用处于倒 U 型曲线的右侧，即反作用。再进行大规模的基础设施投资，不但难以推动经济增长，还可能会降低经济增长率。基础设施投资对推动经济增长具有局限性。在以往很多时候，当需要采取措施刺激经济、促进经济发展的时候，很多地方政府的措施往往包括加大基础设施投资力度，认为这是刺激经济增长的"万能药方"。这种"药方"在过去数十年已经被证明屡屡成功，尤其是对于短期刺激经济起到立竿见影的效果，但是从长期效果来看，加大基础设施投资在将来可能很难推动经济增长，反而产生挤出效应，挤出居民消费、企业投资，对经济增长有阻碍作用。当前需要对以往的成功做法有清醒的认识，即基础设施投资对经济的推动作用有可能过了历史性的拐点。因此对有关的政策工具使用，需要慎之又慎。

对此问题，有关部门并非熟视无睹，也已经提出一些对策，比如发改委喊停了多个城市的地铁建设，根据实际需求推动基础设施建设。本章的分析集中在三种基础设施，对其他基础设施，比如城市建设的很多方面还没有列入分析范围，下一步还需要进行更详细的分析。

第八章　基础设施投资成本分析

改革开放以来，中国基础设施投资成就举世瞩目。各地基础设施建设如火如荼，交通基础设施突飞猛进，高速公路、高铁等新型交通运输方式令外人羡慕，在全国范围内基本解决了水电气暖等公用施设的不足，城市面积大幅度增加。但是，我们既要看到成绩，也要关注成本，这样才能真正评价基础设施投资的效益。天下没有免费的午餐，中国巨量的基础设施投资有目共睹，但是其财务成本有多大，由谁来买单，有多大的社会成本？这是成本分析必须关注的，也是本章所要解决的问题。

财务成本是企业会计的概念，本章借用这个概念指代基础设施投资过程中产生的、投资方需要支付的成本消耗，它与因外部性而带来的、不需要由投资方支付的额外成本，共同构成基础设施投资的社会成本。

第一节　基础设施投资财务成本

一、 基础设施与公共财政

第一，公共财政具有投资基础设施的功能。基础设施为社会公众所使用，具有公共产品的性质。基础设施投资是政府政策可以发挥重要作用的领域。政府通过公共财政，为社会提供公共产品，满足社会公共需要。现代国家的公共财政收入一般来自于税收、发行债券收入、国有资产收益与其他收入形式。

公共财政具有资源配置的功能，可以集中社会资源建成基础设施。如果基础设施是稀缺的生产要素，则投资基础设施是优化资源配置的行为。如果没有公共财政，很难依靠个人自由决策，让社会公众集资建成基础设施。公共财政通过税收调节、转移支付而具有收入分配职能，从而实现调节收入再分配，降低收入分配差距，而不是相反。

第二，公共财政负有投资基础设施的责任。公共财政的收入来源在于税收等方面，这些收入都来自于社会公众。公共财政取之于民，必须用之于民。基础设施的绝大部分，比如交通设施、城市公共设施等都用之于不特定的社会公众，也应该由社会公众来承担其建设成本。少量的设施，比如专门为某个工厂服务的发电厂、专门为园区里少量化工厂服务的污水处理厂，并不能算作公共产品；但是绝大部分的类似设施为不特定的社会公众服务，比如公路、发电厂，都应该算作公共产品，与公共财政的职能相匹配，应该由公共财政承担投资责任。具有公共产品性质的基础设施应该由公共财政承担。

二、 基础设施投资成本与相应的公共财政

1. 全国的交通基础设施投资情况

以交通运输基础设施投资为例，见表 8-1，说明基础设施投资的财务成本与相应的公共财政投入。

表 8-1　交通运输固定资产投资与一般公共预算

年份	一般公共预算支出-交通运输支出/亿元	中央/亿元	地方/亿元	交通固定资产投资/亿元	预算支出与投资的占比/%	交仓邮业固定资产投资/亿元	预算支出与投资的占比/%
2007	1915.38	782.25	1133.13	7776.82	24.63	14154.01	13.53
2008	2354.00	913.20	1440.80	8335.42	28.24	17024.36	13.83
2009	4647.59	1069.22	3578.37	11142.80	41.71	24974.67	18.61
2010	5488.47	1489.58	3998.89	13212.78	41.54	30074.48	18.25
2011	7497.80	331.11	7166.69	14464.21	51.84	28291.66	26.50

年份	一般公共预算支出-交通运输支出/亿元	中央/亿元	地方/亿元	交通固定资产投资/亿元	预算支出与投资的占比/%	交仓邮业固定资产投资/亿元	预算支出与投资的占比/%
2012	8196.16	863.59	7332.57	14512.49	56.48	31444.90	26.07
2013	9348.20	722.99	8625.83	15533.22	60.18	36790.12	25.41
2014	10400.42	731.16	9669.26	17171.51	60.57	43215.67	24.07
2015	12356.27	853.00	11503.27	18421.00	67.08	49200.04	25.11

本章我们只以《中国统计年鉴 2016》的数据为例，做出说明。

表 8-1 给出了交通运输固定资产投资与一般公共预算支出的各项数据。第一列为年份，第二列开始使用《中国统计年鉴》（2008—2016）中的数据：全国一般公共预算主要支出项目中的交通运输支出。第三、四列给出的是其构成，即中央与地方部分。这个数据应该是比较完整地包括了所有的交通运输方式基础设施投资中的预算支出部分。从 2007 年到 2015 年的 9 年中，交通运输一般预算总体支出不断增长，而且地方支出比例呈现增长的态势，从 2007 年占比 59.16%上升到 2015 年的 93.10%。因此，从一般预算支出看，可以认为交通运输固定资产主要是由地方财政投资的。第五列的数据是《2015 中国交通运输统计年鉴》① 附录 3-1 提供的交通固定资产投资数据。此年鉴中的交通运输包括公路、港口、水路运输，即公路与水路，因此第五列的数据没有包括铁路投资在内，是不完整的交通基础设施投资数据，但是仅看公路和水路投资，它们也是在不断、快速地增长中。第六列给出的是一般公共预算主要支出项目中的交通运输支出占不完整的交通运输固定资产投资数据的百分比，其占比不断上升。不过这也可以看出，即便只是公路和水路的投资，国家财政一般公共预算支出也只能投资

---

① 中华人民共和国交通运输部：《2015 中国交通运输统计年鉴》，北京：人民交通运输出版社，2017 年。

其中的一部分，而其他部分需要有别的途径。如果把铁路投资包括进去，那么其比例将大幅度下降。第七列给出了全国固定资产投资中"交通运输、仓储和邮政业固定资产投资"（表格中简称为"交仓邮"业）这一大行业 2007—2015 年的投资额，这一行业包括三个部分，应该能够比较完整地把铁路在内的交通运输方式包括进去，所以其数据比第五列的数据大得多。第八列是一般公共预算支出项目中的交通运输支出占交仓邮业固定资产投资的百分比，这个占比低于 30%。综合第六列与第八列的数据，我们大致可以认为预算内投资占包括铁路在内的全部交通运输基础设施投资的比例不到一半。

总之，以 2007—2015 年的数据为例，交通基础设施投资不断增长，一般公共预算内投资于交通基础设施的部分不断增长，地方财政承担的部分越来越多，但是依然有一半以上的交通基础设施投资需要依靠财政以外的渠道解决。

2. 基础设施投资与中央地方财政收支分配状况

表 8-2　基础设施投资与财政收支

亿元

年份	三项投资	一般公共预算收入	中央	地方	一般公共预算支出	中央	地方	中央收支余额	地方收支余额
2003	14617.60	21715.25	11865.27	9849.98	24649.95	7420.1	17229.85	2015.29	-7379.87
2004	18513.10	26396.47	14503.1	11893.37	28486.89	7894.08	20592.81	2609.73	-8699.44
2005	23442.73	31649.29	16548.53	15100.76	33930.28	8775.97	25154.31	1447.77	-10053.55
2006	28876.46	38760.2	20456.62	18303.58	40422.73	9991.4	30431.33	2153.04	-12127.75
2007	33775.89	51321.78	27749.16	23572.62	49781.35	11442.06	38339.29	4176.54	-14766.67
2008	41555.88	61330.35	32680.56	28649.79	62592.66	13344.17	49248.49	4030.77	-20598.7
2009	59283.59	68518.3	35915.71	32602.59	76299.93	15255.79	61044.14	3313.12	-28441.55
2010	70581.78	83101.51	42488.47	40613.04	89874.16	15989.73	73884.43	1875.43	-33271.39
2011	67474.56	103874.43	51327.32	52547.11	109247.79	16514.11	92733.68	-1219.79	-40186.57
2012	77739.13	117253.52	56175.2	61078.29	125952.97	18764.63	107188.34	-4903.09	-46110.05
2013	94088.72	129209.64	60198.48	69011.16	140212.1	20471.76	119740.34	-8812.68	-50729.18
2014	112270.44	140370.03	64493.45	75876.58	151785.56	22570.07	129215.49	-11383.13	-53338.91
2015	131602.36	152269.23	69267.19	83002.04	175877.77	25542.15	150335.62	-13734.58	-67333.58

把更多的基础设施纳入研究视角。如第六章，从 2003 年开始，《中国统计年鉴》有了交通运输、仓储和邮政业投资，电力、热力、燃气及水生产和供应业投资，水利、环境和公共设施管理业投资等三项基础设施固定资产投资数据（表 8-2 中简称为"三项投资"），这就是表 8-2 中第 2 列的数据。三项投资在 2003—2015 年不断增长。它们与全国一般预算收入相近，2015 年前者是后者的 86.43%。这三项基础设施只是基础设施的一部分，如果国家把全部的一般公共预算收入投资于这三项，那么其他项目的基础设施投资和国家的其他事务都难以安排。在实际的基础设施投资来源中，国家财政只能占一部分，其比例应该不到一半。结合表 8-1 可以看到，随着基础设施投资率的不断增长，在基础设施投资中，财政预算内资金所占比例越来越低，财政资金越来越难以应付日益膨胀的基础设施投资。

国家的一般预算收支不断增长，其结构也不断变化。就一般预算收入而言，中央收入曾经在多年中多于地方，但是从 2011 年以后，中央收入就少于地方。然而地方的支出增长得更快，就一般预算支出而言，地方从 2003 年占支出总额的 69.90% 增长到 2015 年占 85.48%。中央一般预算收入在 2010 年以前有盈余，但是从 2011 年起盈余就是负数。地方一般预算收入更是年年赤字。国家的一般预算收支的重心更多地向地方倾斜，但是地方的支出比收入增加得更快，负担越来越重。基础设施投资的成本负担也越来越向地方倾斜。

如果再考虑各地城市基础设施建设，其投资支出更是难以在预算内支出，只能依靠各地方政府想方设法从预算外筹集资金进行建设。把三项支出和其他基础设施投资累积，恐怕早已超过一般公共预算收入或者支出。

3. 各地投资基础设施情况： 以 L 省为例

全国只有 8 个省级行政区域及一些地市级地区在近年来公布了基础设施投资数据，省级地区分别是北京、天津、上海、重庆、辽宁、青海、新疆和山东（山东的数据是城市基础设施投资）。下文从省级地区的角度，分析各地基础设施与地区生产总值支出结构的关系。由于本报告编写所用的时间有限，只以 L 省为例进行分析。

表 8-3 给出了 L 省 2011—2015 年的基础设施投资与经济支出结构关系。表中第二至第七列使用的是《L 省统计年鉴2016》数据，第八和第九列使用的是历年的《L 省国民经济和社会发展统计公报》数据。

表 8-3 2011—2015 年 L 省基础设施投资与地区生产总值支出结构

亿元

年份	固定资本形成总额	存货增加	居民消费	政府消费	地区生产总值	一般公共预算收入	固定资产投资	基础设施投资
2011	13474.62	455.59	6846.44	2020.77	22226.7	2643.2	17726.3	3621.2
2012	15049.6	442.48	7894.45	2178.81	24846.4	3105.4	21535.4	3322
2013	16479.8	464.82	8847.41	2367.44	27213.2	3343.8	24791.4	4370.8
2014	16927.43	541.64	9773.63	2419.08	28626.6	3192.8	24426.8	4746.1
2015	12098.91	506.7	10393.91	2625.56	28669	2127.4	17640.4	3673.3

第二、三列给出的是固定资产投资形成总额与存货增加，两者之和就是地区生产总值中的投资部分，它与第八列所给出的固定资产投资有一定的差异。第四、五列是居民、政府消费数据。第二至第五列数据是《L 省统计年鉴2016》表 3-10 的数据，其总和本来应该等于地区生产总值，但是第六列给出的地区生产总值是《L 省统计年鉴2016》表 3-1 的数据，两者不完全一致。第七列数据（2011—2015 年）是由《L 省统计年鉴2016》的表 8-2 给出的。第八、九列给出了固定资产投资与基础设施投资数据，2012 年的统计报告指出基础设施投资算为固定资产投资的一部分。与全国总体增长的情况不同，该省的投资、生产总值数据下降。又从居民与政府消费数据依然增长这一情况看，该省的经济很可能没有发生下滑的问题，数据下滑只是因为前些年份数据有水分，官方也承认了这一事实。①

---

① 《习近平批评经济数据造假：此风不可长，必须坚决刹住》，中青在线网，2017 年 3 月 8 日。

从 2011—2015 年，该省基础设施投资远大于一般公共预算收入，比如 2015 年前者就是后者的 1.73 倍。考虑到该省的基础设施投资也有可能来自于中央财政资金，实际上基础设施投资与当地财力的差距可能没有那么大，但是前文已经指出，2015 年交通基础设施投资中，地方政府的资金占预算投资的 93.10%。因此，该省的基础设施投资至少比该省的财力大 50%。一般预算收入比政府消费还低，这说明一般预算收入还不够政府的消费，连通常说的"吃饭财政"都不够，更别说要进行建设投资。

基础设施投资并非推动经济增长的充分条件，如今也不是制约经济增长的因素。以 L 省为例，2011—2015 年，基础设施投资占该地区生产总值 15% 左右，不算少，但是经济增长低迷，2015 年经济增长率仅为 3%。2015 年末，L 省的铁路营业里程为 5773.4 公里，公路里程为 120365 公里；以另一个省份，G 省为例，G 省的铁路、公路里程分别为 4035.2 公里和 216023 公里。L 省与 G 省人口分别为 4217 万和 9111 万。L 省面积为 14.8 万平方公里，G 省为 17.98 万平方公里。相比之下，G 省的人均铁路与人均公路里程仅为 L 省的 32.35% 与 83.07%，G 省并没有因为基础设施投资少而经济比 L 省落后。按照某些发展规划，振兴该地区还应该大力加强基础设施投资。

全国不少其他地方的基础设施投资，情况也是类似的，即基础设施投资财务成本大大超过当地的财政实力。各地方政府必须想方设法，通过预算外的渠道筹集资金。

第二节　基础设施投资的筹资方式与地方政府债务

中央与各级地方政府一起努力，共同推进基础设施投资与建设。所有的建设成果都有成本，但是政府的主要收入来源——税收，构成的一般预算收入并不足以投资基础设施。本节将分析各地政府如何为基础设施投资筹集资金，以及有可能因此而形成的政府债务，还有为什么各地政府要大力推进基础设施投资。

一、 基础设施投资的筹资方式

各地政府努力推动基础设施投资，使用多种方式筹集基础设施投资所需的资金，或者使用多种办法运作基础设施投资。

1. 土地出让金

土地出让金是地方政府将土地使用权出让给土地使用者，或者是向土地使用者续期而收取的价款。

表 8-4　2016 年中央和地方财政预算执行结构

亿元

项目	一般公共预算收入	一般公共预算支出	政府性基金预算收入	国有土地使用权出让收入	政府性基金相关支出	国有土地使用权出让收入相关支出	国有资本经营预算收入	社会保险基金预算
全国	159952.08	187841.14	46618.62	37456.63	46851.52	38405.84	2601.84	48272.53
中央	72357.31	86890.35	4178.08	/	3999.98	/	1430.17	/
地方	87194.77	160437.14	42440.54	37456.63	43961.66	38405.84	1171.67	/

表 8-4 给出了 2016 年中央和地方预算执行情况的结构。政府财政预算的收入部分包括一般公共预算收入、政府性基金预算收入、国有资本经营预算收入、社会保险基金预算等四部分。其中，国有土地使用权出让收入（下面简称土地出让金）是政府性基金预算收入的主要部分，2016 年土地出让金占地方政府一般公共预算收入的 42.96%，为地方政府税收收入以外的重要收入来源。

《国务院办公厅关于规范国有土地使用权出让收支管理的通知》规定，土地出让金的使用范围包括五大类：一是征地和拆迁补偿，二是土地开发支出，三是支农支出，四是城市建设支出，五是其他支出。地方政府可以使用土地出让金进行城市基础设施建设。上文所述，2015 年全国三项基础设施投资总共 131602.36 亿元，2016 年的土地出让金与之相比，只占 28.46%。L 省 2015 年全省政府基金收入 907.7 亿元，仅为基础设施投资的 24.71%。这说明，土地出让金仅能向基础设施投资提供一小部分资金。大部分投资成本还需要依靠其他方式进行筹资或者运作。

政府通过出让土地使用权的方式筹集基础设施投资的资金，这种方式让公众现期为基础设施项目投资进行一次性付款。

2. 金融工具

按照以往的方式，地方政府虽然不可以直接向金融机构融资，但是却可以授权有关的机构，比如国有平台公司进行融资。地方政府向平台公司注入土地等有价值的资产以后，使得平台公司成为规模巨大的企业，可以合法地进行融资经营，所用的金融融资工具至少包括：

第一，银行贷款。农业发展银行、国家开发银行等政策性银行，工农中建交等商业银行有时会提供一些项目贷款，用于农村土地平整贷款项目、管网建设、棚户区改造等。

第二，信托项目。常有一些信托项目面向开发区建设。

第三，资产购买项目。地方政府进行基础设施项目建设，具体由平台公司负责运作，平台公司欠了这些建设公司的款项难以偿还，于是平台公司跟资产管理公司合作，由资产管理公司向这些建设公司购买平台公司欠他们的债务，资产管理公司把钱款支付给建设公司，建设公司与平台公司的债权债务关系就转移为资产管理公司与平台公司的债权债务关系。建设公司得到钱款以后，可以继续为地方政府做基础设施项目。

第四，城投债。平台公司作为主体，公开发行企业债或者中期票据，用于地方基础设施建设。

第五，地方债。2011 年，财政部规定上海、浙江、广东、深圳等四地成为地方政府自行发债的试点地区。2014 年国务院批准上海、浙江、广东、深圳、江苏、山东、北京、青岛、宁夏、江西等地方政府债券自发自还。

第六，外国援助。改革开放以后，众多国际组织、西方国家向中国提供优惠贷款或者赠款，用于基础设施建设，产生了良好效益。中国政府通过政府间协议而获得的资金纳入了中央政府可以动用的财政资源的范畴，进行"统一管理"与"对口管理"，以此来补充国内资源的不足。地方政府可以逐级申请外国贷款或者赠款，以弥补地方建设资金的不足。随着中国经济发展，各类外国援助逐渐减少，甚至完全停止。

第七，其他。比如 BT（Build-Transfer），即建设—移交，由投资者负责项目建设，将竣工后的项目移交项目发起人，根据回购协议分期向投资者支付项目总投资及回报。

中央投资基础设施也不完全依靠预算内资金，比如中国铁路总公司通过贷款、发行债券、引进股权合作等方式多渠道融资对铁路建设进行投资。铁路建设融资，将来还得通过票价的溢价来偿还。

地方政府通过上述渠道进行融资，抵押物主要是土地，将来还债或者理论上还债的主要方式还是土地经营收入。地方政府通过土地开发，为土地兴建配套设施，比如"七通一平"或者"九通一平"，使得土地升值，将来把土地转让出去，再偿还融资。这些通过土地进行融资的方式，让社会公众在将来的某个时期，通过购买房地产，为基础设施投资一次性付款。地方政府通过各种融资方式投资基础设施，最终还是要让居住在这片土地上的居民通过买房来为这些基础设施买单。

3. 使用权或者股权合作

第一，政府通过许可权招商的方式，让开发商前来建设基础设施，并让基础设施项目成为开发商的企业。例如，地方政府建开发区，需要配套供水厂、污水处理厂等项目，这些项目能够产生现金流，可以使用这种方式运作。

第二，PPP 模式（Public-Private Partnership）。PPP 即政府和社会资本合作，鼓励社会资本与政府进行合作，参与公共基础设施建设。

第三，传统的 BOT、BT 等模式。BOT（Build-Operate-Transfer）即建设—经营—转让，让企业参与基础设施建设，并且在运作收取一定的服务费用以后，将来企业再把股权转移给政府。

第四，融资租赁。面向一些有资金流的项目，比如医院购买仪器设备的项目。

通过这些方式运作建成项目，公众使用这些项目，通过每次使用成本加价方式，长期为基础设施投资支付成本。

4. 企业垫资

建设方先期垫资，政府承诺建设完工以后，支付建设费用。然而，实际上经常有些项目已经完工，但政府没有资金可以偿还，于是项目也就难以得到验收，企业难以收回建设成本，这也成为政府的一种融资方式。

总之，政府主要通过项目化运作的办法，让公众通过现期缴交土地使用金、未来缴纳土地使用金以及长期加价使用基础设施等三种办法为基础设施投资付费。归根结底，公众需要在税收以外，再为基础设施投资与建设缴纳费用。以土地使用金作为抵押，运作好项目的前提条件就是地价与房价不能跌或者必须逐步上涨。公众的实际税负是名义税负与基础设施投资费用之和。以 L 省 2011—2015 年为例，当地公众的名义税负约为 14%。14% 是历年的基础设施投资额对地区生产总值的占比平均数，如果加上地方政府债务的利息负担，公众的实际负担就不止增加 14%。

二、 基础设施投资、 地方财力与政府债务

中央与地方现有的财力不足以支付基础设施投资的财务成本，就不得不通过债务或者股权转让的方式进行筹资，债务将形成政府债务，债务与股权的收益回报负担实际上都会落在公众头上，成为名义税负以外的额外税负。

在包括政府性基金支出之后，现有的政府财力并不足以支付基础设施投资费用。以表 8-3 的 L 省数据为例，如果粗略地使用"一般预算收入+政府性基金-政府消费-基础设施投资财务成本"这个办法估算，每年大概有两千亿的财政缺口。如果分摊到该省的 14 个城市，粗略估算，每个城市每年新增基

础设施投资负担至少一百多亿元。

地方政府在统计基础设施投资与政府债务时，对应不同口径与不同的上级部门，有时会有不同的数据统计。在财政缺口中，有一些直接成为政府债务，而有一些采用使用权授权经营的方式筹资就可以不算为政府债务，有一些项目是已经建完的工程，却无法验收造成欠款，成为建设企业的负担，有一些项目则由平台公司通过多重承包的方式转出去，从而转嫁工程款负担。综合起来，现有的政府债务负担，难以有确切的统计。地方的主要领导，也不一定知道本地究竟有多少债务负担。不过他们更加关注的是本地及其下属平台公司通过金融方式而拖欠的债务，这些债务必须按时还本付息，这是"硬债务"，否则将造成严重的负面影响，地方政府必须千方百计进行融资，以此对原有的债务进行还本付息，让债务链条不至于断裂。借新债，还旧债，债务越滚越大。

全国的地方债务到底有多大？审计署在 2011 年和 2013 年对全国地方性债务分别进行了两次审计，并发表了两份报告。两份报告都指出地方政府债务中的很大一部分是投资于基础设施等项目。全国地方性债务可分为三类：政府负有偿还责任的债务、负有担保责任的债务和可能承担一定救助责任的债务。截至 2010 年底和 2013 年上半年这三类债务总计分别为107174.91 亿元和 178908.66 亿元；投向市政建设、交通、农林水利建设、生态建设与环境保护等四个方面的基础设施投资额之和在这两个时间截点上分别占上述债务的 69.22% 和60.89%；截至 2012 年底，省、市、县三级政府承诺以土地出让收入偿还债务余额 34865.24 亿元，占负有偿还责任债务余额 93624.66 亿元的 37.23%。

审计署关于地方债务统计很谨慎，其统计结果也可能偏低。对地方政府的债务进行核算可以有两种方式。第一种是对地方政府的所有机构的财务进行全面核查。审计署的做法很可能就是这种，但是他们不一定能够对所有的机构都核查，报告显示，2011 年审计了 25590 个政府部门和机构，而 2013 年审计了 62215 个政府部门和机构，这至少说明 2011 年的审计可能是不全面的，报告也不能保证 2013 年就审计了所有应该审计的部门和机构；而且也不能保证能够核实受审计单位的所有债务。在审计署（2011）报告中，地方政府债务来源，就金融机构方面，仅仅列出了银行贷款和发债，没有列出信托、租赁等多种形式融资，这样对债务的估算恐怕是有所遗漏的。审计署（2013）报告所列出的应付未付款、垫资施工与延期付款分别仅占 4.79% 和 2.1%，到底能不能包含全部？值得商榷。

第二种方式是对地方政府的所有活动进行记录，并核算其成本。现在还没有机构或者个人做了这项工作，所以也没有完整的数据；但是全国有 8 个省级政府报告了基础设施投资数据，这就为测算地方政府债务留下依据，这也可以是未来继续研究的方向。

三、 地方进行基础设施投资与建设的激励因素

各地政府及官员为基础设施投资与建设付出了很多辛劳，但有时是在做"无米之炊"。下面从经济学的角度分析其中的激励因素。

1. 个人的事业成就感

有很多干部有事业心，他们希望为社会做事情，愿意为人民的事业加班加点，不辞辛苦。

2. 政绩考核的压力

学界常以"经济人"作为假设前提，以经济学方法研究政绩问题，涉及锦标赛理论、公共选择理论、委托—代理理论、博弈论等，信息经济学、制度经济学、计量经济学等分析工具。各级政府和部门把自身任务分解给下级政府和部门，按期（分为年度、半年度、季度等几种）进行考核。学界大量使用锦标赛理论以研究官员的政绩考核，锦标赛理论最早由 Lazear and Rosen（1981）提出，周黎安等（2005）以其分析中国官员的晋升机制和解释中国经济增长的奇迹。Li and Zhou（2005）、

Choi（2012）也用其验证官员晋升与政绩表现的显著关系。不过，晋升锦标赛是否存在也引起了争议，陶然等（2010）认为中国不存在政治提拔与经济指标考核直接挂钩的体系。

现实中政绩晋升机制不一定会明文标榜出来，但是政绩考核的压力却是真实存在的。政绩考核指标是地方政府扩大基础设施建设、比拼 GDP 增长率的原因。上级领导要求下级政府做什么工作，比如某项基础设施建设，不一定给予配套资金的；下级政府不得不想尽一切办法筹资来完成上级交代的任务。在以往政绩考核指标体系下，GDP 增长率、基础设施投资、政府类融资额等都成为各级政府对下级单位进行年度、半年度、季度考核的重要题目。地方政府的 GDP 增长率越高、基础设施投资越多、融资额越多，在同级政府的考核中排名就靠前，就会受到上级的奖励。

虽然有一些干部是为了在政绩考核中获得组织的肯定，得到晋升，但是对于大多数的干部来说，积极工作也不一定能够获得晋升。在日常工作中，即使晋升无望，也必须完成上级交代的任务。甚至有时候，为了完成基础设施投资任务，打"擦边球"，甚至"出界球"，否则就容易被指责"没有担当"。征地拆迁、规划、国土、融资、建设等方面的工作部门都容易遇到这些问题。很多人难以在体制外找到合适的工作，于是不得不拼命干好工作。

3. 个人私利

在基础设施投资的过程中，项目发布方与国土、融资、建设等部门工作人员都有接受某些利益的便利。当然不是所有人都会接受这些，但是这些部门确实有一些干部落马。

4. 隐性制度的局限性：成本与效益的不对等

在以往的时候，地方政府不必担心融资将来怎么偿还的问题，再多的债务也不会追究个人责任[①]；下级政府向上级报告

---

① 这个问题有了初步的解决办法，2017 年第五次全国金融工作会议明确提出严控地方债增量，实行终身问责制。

完成多少政绩的时候，也不需要同时报告花了多大的代价，上级往往也不关心成本问题。个体理性与集体理性存在矛盾。地方领导干部只要能够融资，进行基础设施投资，把市容市貌建设得漂亮，多修公路和高铁，获得上级和当地公众的一致赞许，而甚少有人关心这些基础设施能够产生什么效益，有多少成本负担的问题。在中国城市众多，没有一个城市在全国经济中占有很重要的比例，无论哪个城市举债进行基础设施建设都难以对宏观经济产生重大影响。从博弈的角度来看，多融资、多进行基础设施投资，是各地官员和老百姓一致的占优策略。然而，如果全国多个地方都举债，就会对宏观经济产生影响。要有好的制度设计，才能实现个体理性与集体理性的一致。在古代农民革命中，革命者嘲笑执政者收了太多的税，喊出"均田地、免赋税"的口号，很得人心，但是实际上只要有公共支出的存在，就不可能免赋税，革命者上台以后，还是需要根据实际需要收取赋税。同理，基础设施建设虽然风光，但是对公众来说，需要完全承担其建设成本并不是越多越好。认为基础设施越多越好，只是一种有局限性的分析，或者说是一种不切实际的空想。

有的观点认为地方政府债务是因为分税制、地方与中央的事权与财权的不对等所引起的。我们不否认，但这只是其中的一部分原因，但不是全部的原因。如果以有限的财力应对不断膨胀的投资欲望，再多的财力也不够用。上述分析主要从经济学的角度进行，而关于个人思想道德的部分不在本书的研究范围之内，就不作阐述。

第三节　基础设施投资的社会成本

微观经济学认为，社会成本是反映市场交易的成本和生产的外部性给社会带来的额外成本之和。

基础设施投资的社会成本也包括两部分。一是需要投资方偿还的成本。本章对这一部分成本已经做了一些分析。社会对这一部分成本没有足够的关注。二是由于外部性等其他原因，不需要投资方支付，但是给社会带来负担的额外成本，这一部分更是没有得到足够的关注。社会成本中未经市场交易反映的部分，将在本节中得到分析。

一、　推高房价并拉大收入分配差距

地方政府推动基础设施投资有很大的资金缺口，需要通过土地进行融资，将来通过土地出让金来偿还，必须以高房价作为保证。尽管中央三令五申，严控房价，但是地方政府依然需要推高房价以偿还债务，这是理性行为。

从 2000 年以后，各地房价一路飙升。房价的飙升与高通胀、收入快速上涨并存，这使得早购房、多购房的人得到很高的投资回报，收入分配差距快速拉大。这与基础设施投资大幅度增长几乎同步。

现期的基础设施投资将使得全体公众受益，但是其成本将由现期和未来的卖地收入进行偿还，也就是由未来的购房者承担现期的基础设施投资费用。现期的基础设施投资财务成本将由未来的购房者承担，而且由于房价上涨，早购房的人也因此搭便车，占有地价的溢价，也就是占有晚购房者与租房者的资产。这样做的后果，一是使得现期的基础设施投资支出的负担仅仅落在了晚购房者的身上；二是使晚购房者和租房者的一部分资产转移给了早购房者，从而迅速拉大收入分配差距，打击社会消费，打击劳动致富的积极性，鼓励炒房，抑制经济增长。在一线城市的晚购房者往往需要穷尽父母和祖辈的积蓄，甚至透支未来一生的收入用以购房，购买一手房者要承担基础设施的财务成本，购买二手房者要把财富让渡给早期购房者。

二、　金融风险

地方政府进行基础设施投资，把土地抵押给金融机构。购房者进行抵押贷款，也把房子抵押给金融机构，金融机构拥有大量以房地产为抵押物的资产。在过去的十几年中，房价已经上涨数倍甚至几十倍，一旦房价出现波动，将使得银行资产面临价格和变现能力的风险。一旦发生金融风险，将会影响整个国民经济，甚至会影响社会安定。

地方政府依靠金融市场融资，借到新的资金进行投资，同时也还本付息，使债务链条不至于断裂。为了使地方政府能够在金融市场上获得融资，中央银行不得不让货币供应量长期保持一定增长速度，这样才能把债务的链条接续下去，造成长期的通货膨胀。随着基础设施投资的扩大，以及还本付息的需要，地方政府债务问题还会愈演愈烈，影响国家的财政与金融安全。

三、 对经济的挤出效应

如第四章所述，基础设施投资对居民消费、实业投资都有挤出效应，有可能使经济增长降速。基础设施的成本最后要摊到产品价格上。如果基础设施投资过多，产品的价格就需要附加更多的基础设施投资成本，这就会降低中国产品在国际市场上的竞争力，对中国经济增长造成负面效应。

四、 基础设施的质量问题

基础设施投资建设了不少精品工程，但是不时也有报道工程项目经过几次转包以后，真正干活的承包商所获得的工程价款太低，容易导致"豆腐渣工程"出现。有时也存在着为了完成领导布置的任务，而不得不赶工期导致工程质量问题，这些都造成了工程的潜在隐患，也可能造成维修费用增高。

本章以交通基础设施、三项基础设施和一个省基础设施投资为例，估算了全国的基础设施投资财务成本，发现基础设施投资财务成本巨大，超过一般公共预算收入，预算内资金只占基础设施投资的一小部分，基础设施建设需要依靠多种方式筹集资金进行，公众需要在缴纳税收以外，以缴纳土地使用金或者长期加价使用基础设施的方式，再为基础设施建设投资付费，其成本负担主要落在晚购房者与租房者身上。过多的基础设施投资需要有公众以不均等的方式来承担，从而造成公众生活压力沉重。加大基础设施投资是投资方与公众的占优策略行为。基础设施投资的资金缺口很大，形成了巨额的地方政府债务。巨量的基础设施投资产生了房价上涨、收入分配差距拉大、群众生活压力沉重、金融风险、通货膨胀、降低产业竞争力、抑制经济增长、质量问题等经济与社会成本。

第九章　基于总需求结构的
基础设施投资分析

第一节　引　言

改革开放以后，中国经济虽然经历了较长的快速增长期，但是 2010 年以来却面临增速下降的问题。从现象看，恰逢三期叠加，或者说总量过大导致速度降低，但是从本质上看却是总需求存在结构性、长期性问题。

关于中国客观经济总需求结构失衡问题，学界有多方面的研究。Huang & Wang（2010）认为结构失衡问题在于过度投资、贸易顺差过多、居民消费过低、收入不平等方面。王小鲁、樊纲等（2009）认为高资本形成率是过去支撑中国经济增长的最主要因素之一，高储蓄率不可能在短期内改变。龚海平、梅国林（2012）分析认为提高消费率在短期内对经济增长的影响大，在长期中也能够较好地维持经济平稳增长。史晋川、黄良浩（2011）提出从经济发展战略和收入分配制度方面调整总需求结构，确立内生发展战略以扩大内需，同时构建"劳动偏向型"的收入分配制度。陈彦斌等（2014）分析了利率管制与总需求结构失衡问题，认为利率管制能够扩大投资、挤压消费，融资约束强化了理论管制的效果，利率管制加剧了总需求结构失衡程度，但是利率市场化改革不宜激进。夏杰长（2012）认为单纯依靠投资和净出口拉动的经济增长模式不可持续，提出以扩大消费需求为着力点调整总需求结构。刘伟、蔡志洲（2010）对国民收入分配格局的变化趋势及其对国内总需求结构的影响程度进行分析，指出投资与消费的结构性矛盾与国民收入分配结构的失衡有密切关系。

前几章分析了基础设施投资的使用效果，本章试图从基础设施投资、固定资产投资、总投资的角度，分析中国经济总需求结构问题，探讨基础设施投资的挤出效应。首先分析中国基础设施投资与固定资产投资在国民经济结构中的比例问题，接着以考察 20 年来宏观经济总需求结构的变化情况，然后以世界上其他大国和地区的经验为借鉴，为中国总需求结构提供可以比较的对象，从中寻找基础设施投资变化的蛛丝马迹，揭示其中所存在的问题，提出结构性改革策略。

第二节　中国基础设施投资、固定资产投资与总投资结构

一、　基础设施与固定资产投资在总需求结构中的占比

在国内现有的统计年鉴中并没有发现关于基础设施投资的完整、系统的统计数据，它在统计中分散于政府支出与企业投资两大项目。如果以《中国统计年鉴 2019》中与基础设施投资高度相关的行业的固定资产投资数据代表所有的基础设施投资数据，并不完整，但是本书也只能使用它。基础设施投资额 1989—2002 年以电力、煤气及水的生产和供应业（以下简称为水电）与交通运输仓储和邮电通信业（以下简称为交通），这两个大类行业的固定资产投资额之和为代表；2003—2018 年以电力、热力、燃气及水生产和供应业，交通运输、仓储，邮政业，水利、环境和公共设施管理业（以下简称为水利）这三个大类行业的固定投资额之和为代表。与第六章的方法相同，对 1989—2002 年的投资率做了加权处理，使之与 2003—2018 年的数据对应。表 9-1 展示了 1981—2018 年，每年的经济增长率和每年的固定资产投资额占当年国内生产总值的百分比。

表 9-1 三项基础设施投资与固定资产投资

年份	经济增长率	三项基础设施投资额占比	固定资产投资额占比	三项基础设施与固定资产投资额之比
1981	5.10%		19.47%	
1982	9.00%		22.90%	
1983	10.80%		23.75%	
1984	15.20%		25.18%	
1985	13.40%		27.95%	
1986	8.90%		30.08%	
1987	11.70%		31.14%	
1988	11.20%		31.32%	
1989	4.20%	4.25%	25.67%	16.56%
1990	3.90%	4.85%	23.93%	20.26%
1991	9.30%	5.52%	25.42%	21.71%
1992	14.20%	5.91%	29.71%	19.89%
1993	13.90%	7.42%	36.65%	20.25%
1994	13.00%	8.23%	35.04%	23.49%
1995	11.00%	7.36%	32.64%	22.55%
1996	9.90%	7.49%	31.99%	23.41%
1997	9.20%	8.23%	31.29%	26.30%
1998	7.80%	10.05%	33.34%	30.14%
1999	7.70%	9.85%	32.97%	29.88%
2000	8.50%	9.68%	32.83%	29.49%
2001	8.30%	9.03%	33.57%	26.90%
2002	9.10%	8.93%	35.74%	24.99%

年份	经济增长率	三项基础设施 投资额占比	固定资产 投资额占比	三项基础设施与 固定资产投资额之比
2003	10.00%	10.64%	40.44%	26.31%
2004	10.10%	11.44%	43.55%	26.27%
2005	11.40%	12.52%	47.39%	26.41%
2006	12.70%	13.16%	50.13%	26.25%
2007	14.20%	12.50%	50.82%	24.60%
2008	9.70%	13.01%	54.09%	24.05%
2009	9.40%	16.98%	64.34%	26.40%
2010	10.60%	17.09%	67.34%	25.38%
2011	9.50%	13.79%	63.66%	21.66%
2012	7.90%	14.39%	69.34%	20.75%
2013	7.80%	15.81%	74.98%	21.08%
2014	7.30%	17.43%	79.51%	21.93%
2015	6.90%	19.20%	81.98%	23.42%
2016	6.70%	20.58%	81.95%	25.11%
2017	6.80%	21.12%	78.13%	27.04%
2018	6.60%	19.60%	71.72%	27.33%

1. 基础设施投资占 GDP 的比例

无论在 1989—2002 年，还是在 2003—2018 年，总体上呈现出不断增强的趋势。这在第七章做了详细分析。

2. 各行业固定资产投资占 GDP 的比例

固定资产投资和 GDP 中的固定资本形成是两个不同的指标。固定资本形成与固定资产投资之间有三个差别：第一，固定资产投资额包括了土地购置费、旧建筑物购置费和旧设备购置费，而固定资本形成总额则没有包括。第二，固定资产投资额只包括计划总投资 500 万元以上项目的投资，不包括 500 万元以下项目的投资以及固定资产的零星购置，固定资本形成总额则包括所有的投资。第三，固定资产投资额不包括商品房销售增值、新产品试制增加的固定资产以及未经过正式立项的土地改良支出，固定资本形成总额则包括了这些。第四，固定资产投资额只包括有形固定资产的增加，固定资本形成总额包括有形与无形固定资产的增加。固定资产投资直接除以 GDP 的占比并不是那么直观，但是也能够说明一些情况。结合固定资产投资占比，与下文的 GDP 中投资占比，两者都呈现上升的趋势，可以说明一些情况。

1981 到 2018 年这个占比总体上持续增长。这个过程经历了几个历史阶段，1981—1992 年，除了 1986—1988 年这三年经济过热以外，各行业固定资产占比不超过 30%。在 1988 年，由于经济过热以及价格改革"闯关"，固定资产投资比例刚过 30%，就发生通货膨胀高企，经济难以承受的状况。从 1993 年开始，固定资产投资占比就一直超过 30%。在 90 年代，固定资产投资占比上升，经济增长率就提高。1992 年，固定资产投资占比从 25.42% 增长到 29.71%，经济增长率就提高到 14.2%，而后固定资产投资占比就一直保持在 30% 以上。1997 年遇到东南亚金融危机，固定资产投资占比就提高到 33.34%，以后保持逐渐增加的趋势。在 2003 年经济比较热的时候，固定资产投资占比已经达到 40.44%，依然没有降低的做法。2008 年遇到美国金融危机时，当时占比高达 54.09%。为了刺激经济，2009 年的固定资产投资占比跃升到 64.34%，而后有增无减，2015 年达到 81.98% 的极值，2018 年为 71.72%。可以直观地从这个过程中看出三个现象。第一，固定资产投资占比在 38 年间，总体上保持稳定增长的态势。第二，固定资产投资并不是经济增长充分或者必要条件。经济增长有其内在因素，固定资产投资占比上升，只有短期效应，而无长期效应，并不能长期刺激经济增长。20 世纪 80 年代的高经济增长率与低增长固定资产投资占比相伴而行。如今固定资产投资占比已经超过 70%，经济增长速度却下降到中速增长的水平。第三，如果继续加大固定资产投资，空间不大，还有可能造成许多问题。在 20 世纪 80 年代，固定资产投资占比当时超过 30%，就造成高通胀以及后来发生的诸多社会政治问题。固定资产投资占比过高，由于经济总盘子变大，社会与经济结构不同，还没有造成很严重的问题，这说明社会的承受能力与韧性更强。如果固定资产投资与比增加太多，将不可避免地影响中低层收入的普通老百姓生活，造成更大的社会矛盾。

3. 基础设施投资占固定资产投资额的比例

基础设施投资占固定资产投资额的比例比较稳定。表 9-1 分析的基础设施没资只有三项。很多基础设施投资还隐藏在其他固定资产投资中，只可以粗略地认为，其他固定资产投资大体上与水电、交通和水利这三项基础设施投资的增长同步。

二、　固定资产投资在三次产业中的分配

固定资产投资对 GDP 的总体占比持续上升，但是由于占比已经过大，从 2010 年以后，固定资产投资增长率连年下降。其在三次产业中的分配比例也是变化的，对产业结构产生影响，也影响三次产业对基础设施的需求。

表 9-2 描述了 2006—2018 年中国全社会固定资产投资的总体情况与其在三次产业中的分配比例。2006—2018 年，中国经济一开始高速增长，2008 年遇到世界金融危机，经济增长率快速下滑，实施"一揽子计划"后，经济增长率快速回升，从 2010 年以后，经济增长率逐渐走低，遇到"三期叠加"，进入"新常态"。近年来经济增速逐渐走稳。这十年中国宏观经济走出了半个多经济周期。"一揽子计划"实施以后，全社会固定资产投资增速逐年下降，政府的债务快速上升，无力继续依靠债务拉动固定资产投资快速增长。市场上需求不旺，大宗商品积压严重，生产投资疲软。分行业看，第一产业的投资额在全社会投资额中虽然占比较小，但是增速一直较快，这与中央一直高度重视"三农"有关。对第一产业的投资很多集中在包括农田水利设施在内的基础设施上面，并不

表9-2　全社会固定资产投资

年份	全社会固定资产投资		第一产业固定资产投资			第二产业固定资产投资			第三产业固定资产投资		
	投资额①/亿元	增长率	投资额/亿元	增长率	占比	投资额/亿元	增长率	占比	投资额/亿元	增长率	占比
2006	109998.2	23.9%	2749.9	18.3%	2.5%	48479.1	24.8%	44.1%	58769.2	23.4%	53.4%
2007	137324	24.8%	3403.5	23.8%	2.5%	61153.8	26.1%	44.5%	72766.7	23.8%	53.0%
2008	172828.5	25.9%	5064.5	48.8%	2.9%	76961.3	25.8%	44.5%	90802.7	24.8%	52.5%
2009	224598.8	30.0%	6894.9	36.1%	3.1%	96250.8	25.1%	42.9%	121453.1	33.8%	54.1%
2010	278121.9	23.80%	7923.1	14.9%	2.8%	118102.1	22.7%	42.5%	152096.7	25.2%	54.7%
2011	311485.1	23.80%	8757.8	28.7%	2.8%	132476.7	27.1%	42.5%	170250.6	21.1%	54.7%
2012	374694.7	20.30%	10996.4	25.6%	2.9%	158262.5	19.5%	42.2%	205435.8	20.7%	54.8%
2013	446294	19.10%	11186.6	21.6%	2.5%	184814.3	17.2%	41.4%	250293.1	20.4%	56.1%
2014	512020.7	15.20%	13802.8	25.2%	2.7%	207684.2	12.8%	40.6%	290533.7	16.4%	56.7%
2015	561999.8	9.80%	17542.1	27.1%	3.1%	224258.6	8.0%	39.9%	320199.1	10.2%	57.0%
2016	596501	7.90%	18838	21.05%	3.16%	231826	3.47%	38.86%	345837	10.85%	57.98%
2017	631684	7.00%	20892	11.80%	3.31%	235751	3.20%	37.32%	375040	9.50%	59.37%
2018	635636	5.90%	22413	12.90%	3.53%	237899	6.20%	37.43%	375324	5.50%	59.05%

① 数据为当年价格。

完全是第一产业的生产性投资。第二产业在近十年来走出了前高后低的走势，前面几年工业生产形势较好，后面工业产品需求疲软，于是整体形势较弱。第二产业投资额包括了基础设施投资额与房地产投资额，前者由国家主导，形势较好。房地产市场火爆，投资增速也较快。如果扣除这两方面的投资额，那么工业的投资增速将不乐观。第二产业在全社会固定资产投资额中的占比逐年下降，2015 年已经跌破了 40%。第三产业的形势也走出前高后低的状况。2010 年以后，投资增速连年下降，不过投资增速还是快于全社会固定资产投资额的增速，所以第三产业所占的比例就连年上升，2015 年为 57%，2018 年达到 59.05%。未来应该还会有所增长，突破 60%。

在国民经济的三大产业中，第二产业对基础设施的需求量最大。随着全社会固定资产投资额，特别是第二产业固定资产投资额的下降，对基础设施的增量需求也是下降的。同时，随着国民经济产业结构的重心逐渐由第二产业转移到第三产业，对基础设施的需求也下降。

第三节　总需求支出结构的国际比较

总需求包括居民消费、政府支出、投资以及净出口（出口与进口之差）等四部门结构。基础设施投资与固定资产投资都是投资。可以从更广义的视角，通过国民经济支出结构来审视投资以及总需求结构的变化。

一、国际比较

他山之石，可以攻玉。以人为鉴，可明得失。可以借鉴诸多国家的发展经验，为中国提供发展的考察依据。中国作为世界上第二大经济体，能够为中国经济提供可参照借鉴经验的也只有大国经济。在 20 国集团（G20）中，除了欧盟（作为国家组织）以外，还包括中国、美国等 19 个国家，这 19 个国家涵盖了当今世界上的主要经济体。在中国以外的 18 个国家中，由于沙特阿拉伯盛产石油，以石油作为其主导产业，经济结构具有特殊性，中国在经济方面与沙特阿拉伯的可比性较低，所以以其他 17 个国家作为参照物。

在这 17 个国家中，以西方七国和澳大利亚作为发达国家的代表，以金砖国家、拉美的墨西哥、阿根廷以及印尼与土耳其作为发展中国家的代表，以日本、韩国作为东方文化圈的代表。上述国家除了经济规模较大，与中国具有可比性以外，也正在经历不同的发展阶段，在世界经济版图上具有较强的代表性。表 9-3 描述了这 17 个国家在 2000—2009 年的国内生产总值（GDP）支出构成结构，十年的期限大致跨越了经济周期，规避短期波动的差异。

这 17 个国家的 GDP 支出状况反映了四个共同特点。第一，居民（包括非营利组织）消费占比在 50%～70%。第二，各国政府支出占比普遍处于 10%～25%。第三，各国的投资占比普遍处于 15%～30%。第四，进出口的占比情况差异较大，净出口（出口-进口）占比的差异则较小，普遍在顺差或者逆差 10%以内。

表 9-3　2000—2009 年世界多国 GDP 支出构成百分比情况

国家/地区	居民消费	政府支出	投资	出口	进口	净出口
美国	70.09%	16.24%	17.96%	10.74%	−15.03%	−4.29%
日本	57.36%	18.04%	23.30%	13.70%	−12.40%	1.30%
德国	58.79%	18.85%	17.72%	39.83%	−35.19%	4.64%
英国	64.47%	21.39%	17.05%	25.98%	−28.88%	−2.90%
法国	56.74%	23.79%	20.08%	25.87%	−26.49%	−0.61%
意大利	58.89%	20.03%	20.67%	26.46%	−26.06%	0.41%
加拿大	56.01%	19.36%	20.65%	37.19%	−33.20%	3.99%
澳大利亚	56.18%	17.53%	26.85%	20.25%	−20.81%	−0.56%
巴西	61.64%	19.77%	17.90%	13.57%	−12.88%	0.68%
俄罗斯	50.22%	17.08%	20.77%	33.65%	−21.72%	11.93%
印度	59.63%	11.57%	32.64%	19.89%	−23.73%	−3.84%

续表

国家/地区	居民消费	政府支出	投资	出口	进口	净出口
南非	62.66%	19.39%	18.23%	27.31%	-27.60%	-0.29%
墨西哥	66.63%	11.41%	23.69%	27.75%	-29.48%	-1.73%
阿根廷	62.21%	12.34%	21.17%	23.70%	-19.43%	4.27%
印度尼西亚	63.51%	8.11%	23.52%	32.39%	-27.52%	4.87%
土耳其	70.35%	12.77%	18.42%	21.71%	-23.25%	-1.54%
韩国	54.33%	14.09%	29.17%	38.39%	-35.98%	2.41%
中国	39.70%	14.37%	41.92%	33.46%	-29.45%	4.01%

数据来源：美国 PET 7.0（Penn World Table）①

二、中国情况

2000—2009 年，中国的 GDP 增长速度较快，年均 GDP 增速高达 9.56%②，除了 2000 年前后与 2008 年美国金融危机时期以外，总体上不存在经济下行压力。然而，中国的支出结构与上述 18 国（地区）相比存在三方面的显著差异。第一，居民消费率不到 40%，在世界主要经济体中是最低的，不仅大大低于欧美主要发达国家，而且与国际普遍情况（消费占比 50%~70%）相差甚远。虽然有很多文章认为中国居民具有储蓄、节俭的习惯，或者因为对未来的不确定性，导致消费率低，但是本书并不认为可以以中国人具有特殊的节俭习惯来解释这一现象，因为日本、韩国的居民消费率与其他各国相比均无明显差异。第二，中国的政府支出占比似乎处于各国的普遍情况（10%~25%）中，中国政府支出实际上还包括基础设施投资，这一部分支出被纳入投资里，从而大大超过各国水平，具体情况将在下文阐述。第三，中国的投资占比超过 40%，

---

①　各项指标是以 2000 年不变价格为基准折算出来的。中国的数据有两个版本，虽然这两个版本数据绝对值有不小差距，然而换算出来的 GDP 各项指标占比相差很小。

②　数据来自《中国统计年鉴 2016》，以不变价格的国民生产总值指数进行测算。

大大高于国际普遍情况。除此以外，中国的进出口虽然处于顺差状况，但是净出口占比并不大，不是影响中国的总需求结构的严重问题，也不像有些外国政府或者学者说的那么严重。总之，在中国经济高速增长的时期，与外国经验对比，存在居民消费占比过低，投资过高的现象。

第四节　中国总需求结构的变化历程

一、 中国总需求结构变化情况

中国的经济结构问题由来已久，也得到社会的广泛关注。1995 年，十四届五中全会召开，提出经济增长方式从粗放型向集约型转变。下文以 1995 年为起点，研究中国总需求结构的变化情况。1995 年，居民消费率还在 45% 以上，投资率还在 40% 以下。

表 9-4 展示 1995—2018 年中国 GDP 四部门支出结构的占比情况。1995 年以来的 24 年间，中国经历了 1996 年到 2001 年、自 2008 年起的两次经济增长下行期，经济结构发生了较大变化，呈现出五个特点。

表 9-4　中国 1995—2018 年 GDP 总量与支出构成百分比情况

年度	支出法 GDP 总量（亿元）①	GDP 增速	居民消费 占比	政府消费 占比	投资占比	扣除基础设施后的投资占比	净出口 占比
1995	61539	11.00%	45.62%	13.20%	39.56%	32.20%	1.62%
1996	72102	9.90%	46.68%	13.07%	38.22%	30.73%	2.02%
1997	80025	9.20%	45.77%	13.60%	36.20%	27.97%	4.44%
1998	85486	7.80%	45.41%	14.78%	35.56%	25.51%	4.25%
1999	90824	7.70%	46.15%	16.19%	34.86%	25.01%	2.79%
2000	100577	8.50%	46.72%	16.58%	34.33%	24.65%	2.37%

---

① 按当年价格计算。

续表

年度	支出法GDP总量（亿元）	GDP增速	居民消费占比	政府消费占比	投资占比	扣除基础设施后的投资占比	净出口占比
2001	111250	8.30%	45.58%	16.03%	36.30%	27.27%	2.09%
2002	122292	9.10%	45.04%	15.53%	36.90%	27.97%	2.53%
2003	138315	10.00%	42.90%	14.58%	40.37%	29.73%	2.14%
2004	162742	10.10%	40.92%	13.82%	42.66%	31.22%	2.60%
2005	189190	11.40%	39.77%	13.86%	40.98%	28.46%	5.40%
2006	221207	12.70%	38.03%	13.84%	40.61%	27.45%	7.53%
2007	271699	14.20%	36.73%	13.41%	41.24%	28.74%	8.62%
2008	319936	9.70%	36.05%	13.17%	43.21%	30.20%	7.57%
2009	349883	9.40%	36.20%	13.17%	46.33%	29.35%	4.30%
2010	410708	10.60%	35.56%	12.89%	47.88%	30.79%	3.67%
2011	486038	9.50%	36.32%	13.27%	48.01%	34.22%	2.40%
2012	540989	7.90%	36.70%	13.42%	47.18%	32.79%	2.71%
2013	596963	7.80%	36.81%	13.50%	47.25%	31.44%	2.44%
2014	647182	7.30%	37.48%	13.25%	46.77%	29.34%	2.50%
2015	696594	6.90%	38.01%	13.60%	44.94%	25.74%	3.45%
2016	745632.4	6.70%	39.35%	14.28%	44.14%	23.56%	2.22%
2017	815260.3	6.80%	39.00%	14.62%	44.64%	23.52%	1.74%
2018	884426	6.60%	39.37%	14.94%	44.85%	25.25%	0.84%

数据来源：《中国统计年鉴2016》和《中国统计年鉴2019》。

第一，居民消费支出占比在24年间发生了较大幅度的下降，但是比例在年份之间的变化较为稳定。《中国统计年鉴》数据与下文的PWT 7.0数据一致显示居民消费支出占比下降的趋势；尤其从2005年以来，居民消费支出占比一直低于40%，远远落后于国际一般水平。在经济高速增长的时期，居民消费增长缓慢，人民群众对于经济高速增长的"获得感"不强。在经济下行期增长较为稳定，比如在1997—2000年与2010年以后的两段经济调整时期，都没有大起大落的现象，具有经济周期稳定器的作用。

第二，投资增长较快，占比上升，但是增长速度波动较大。从 2003 年以后，就一直在 40%以上，而在 2008 年的国际金融危机以后，投资占比一直在 44%以上，近年来有所下降。投资增长速度变化较大，是引起经济运行周期的重要因素。投资中有很大部分来自于基础设施投资，基础设施投资增长很快，占 GDP 比例总体上呈现上升态势；在 2018 年，上述三项基础设施投资已经占总投资的 43.7%。

第三，政府支出具有一定的反周期作用，但是近几年如果政府支出数据为衡量标准进行分析，那么这种作用已不再现。在 1997—2000 年的经济下行期中，政府通过加大基础设施建设，刺激经济增长；当时政府消费支出快速增长，而投资增速并不快，反映出投资可能主要是企业投资，基础设施投资项目可能在政府支出中列支。2008 至 2009 年，政府同样通过基础设施建设刺激经济，但是政府消费支出增长不快，而投资增速较快。这两段时期的数据说明基础设施投资由主要靠政府支出转移到主要靠企业投资支出。

第四，政府支出占比变化不大，但是实际占比迅速攀升。2000 年以后，各级政府设立了大量的投资平台公司，在 2008 年美国金融危机以后，政府通过加大基础设施建设投入对经济增长进行强刺激，表现为政府支出稳定而投资快速增长。很多应该列入政府支出的项目成为投资项目，中国政府的实际支出应该为政府消费与政府投资支出之和，高于表 9-3 所列的政府消费支出。

第五，扣除基础设施之后的投资率下滑。第七列的"扣除基础设施后的投资占比"比第六列的"投资占比"更多地包含着实体经济投资率占比。由第三点可知，在 1998 年时，基础设施投资在统计中很大程度列入政府支出的项目中，但是从 2003 年基础设施投资率超过 10%以后，政府支出并没有增长，而是投资率快速增长，这说明 2003 年左右，统计方式发生改变。因此，这一列的数据仅能够从 2003 年以后进行比较。从 1995 年开始，包含实体经济的投资率接近 40%，即便使用基础设施投资率这种不合适的方法，实体经济的投资率也在

30%以上。2011 年以来，由于基础设施投资率的攀升，"扣除基础设施后的投资占比"在不断下降。究竟是经济不景气导致实体经济投资下降，还是基础设施投资挤出实体经济投资？这两方面因素可能都有，但是基础设施投资挤出实体经济投资是有证据佐证的。地方政府的基础设施投资占用了企业的资金，也从要素供给、市场需求等多个方面对企业投资造成挤出效应。

第六，进出口经历了高速增长时期，但是出口、净出口的增长速度下降。既有中国经济规模较大，国际市场空间有限的原因，同时也有产业竞争力下降，某些出口行业、企业转移到国外的原因。

二、 中国总需求结构矛盾的分析

1. 居民消费支出低迷

国际上多个国家的经济发展历程表明，低消费率不是经济增长的充分或者必要条件。PWT7.0 数据提供了世界各国 1950—2009 年经济增长数据，日本在 1950—1973 年期间经历了一段经济中高速增长期，其居民消费率除了 1950 年和 1951 年在 54%左右，从 1952 年起一直保持在 55%以上。韩国从 20 世纪 50 年代中期开始就进入经济中高速增长期，居民消费率在 1986 年以前一直保持在 60%以上，直到 1987 年，居民消费率才降到 50%~60%的水平。中国台湾地区从 20 世纪 50 年代开始就进入经济增长期，其居民消费率也一直保持在 50%以上，而且经常保持在 60%左右。国际经验表明，经济快速成长的同时，居民消费率可以稳定保持在 50%以上，甚至达到 60%左右。

那么，中国居民低消费率的原因何在？第一，政府实际支出占比太大。这是消费率长期低迷的主要原因。以 2014 年为例，当年的 GDP 总量为 63.59 万亿元，一般公共财政收入与政府性基金收入分别为 14.04 万亿元与 5.41 万亿元，一般公共财政支出与政府性基金支出分别为 15.17 万亿元与 5.14 万亿元，总支出为 20.31 万亿元，占 GDP 的 31.93%。很多基础设施投资没有列入预算，中国政府的实际支出远高于这些。第二，基础设施投资率过大。基础设施投资率 1989 年为 4.25%，2015 年增长到 19.20%，2017 年为 21.12%，政府通过通货膨胀、居民缴纳土地出让金等多种方式让公众为基础设施投资付费买单，使得基础设施投资在国民经济的分配比率不断挤占居民消费比率。第三，收入分配差距越来越大。这是消费率不断走低的重要原因。关于中国收入分配差距，不同机构有不同的调查数据，但是都显示差距较大甚至悬殊。大部分国民收入由少数人占有，收入越高的人群，其平均消费倾向就越低，而越穷的人，平均消费倾向越高。对于数量庞大的商品，少数高收入群体虽然具有购买能力却缺乏购买愿望，或者国内需求无法满足，而到外国消费。第四，房地产业快速发展，这是居民消费率在 2000 年以后快速走低的重要原因。居民购买房地产进行投资，中国从 2000 年以后房地产业快速发展，诸多家庭对房地产进行了投资，占用了大量的日常消费开支。

长期的低消费率容易对经济社会造成多方面的伤害。第一，经济增长的目标是为了让全民福利或者全民消费最大化，经济总量（GDP）最大化只是实现这一目标的方式。即使经济总量再高，如果消费率低迷，那么也难以到达全民福利最大化。第二，长期的低消费率阻碍经济增长。如果产业划分为生产消费品的产业和资本品产业，资本品产业的产品最终也是为了成为生产消费品产业的生产要素。如果居民消费支出率长期处于低水平状态，那么无法为消费品提供足够大的市场。政府支出、投资和进出口的增长空间都有限，其拉动国民经济增长的作用迟早会遇到瓶颈。政府消费支出与投资将积累庞大的债务，净出口的快速增长将使国内财富外流，国内货币供应量上升，导致通货膨胀，也导致国际矛盾凸显。第三，过低的居民消费率意味着相当多的消费被房地产投资或租房消费挤压，高房价助推恩格尔系数不断走低，降低了人民生活水平。第四，收入分配差距过大阻碍了产业的高端化发展。过大的收入分配差距使得消费市场长期低端化，难以形成大规模的高端产品需求市场。

2. 进出口与产业竞争力

从 2005 年汇率改革以来，在产业竞争力方面出现了明显的生产成本上升、人民币汇率升值的情况（虽然 2015—2016 年、2018—2020 年人民币汇率有所贬值，但是幅度有限），影响了中国产品在国际市场上的竞争力。生产要素成本上升包括劳动力成本上升、土地使用成本（租金）上升等。

劳动力成本上升的原因主要有三个。一是长期快速增长的货币供应量，不断推动价格上涨，导致了生活成本不断上涨，劳动力的供给曲线向左上角移动，即劳动供给减少，均衡的工资价格不得不相应提高。二是大规模的基础设施投资与土地财政推动房地产价格不断上涨，房地产是重要的生产要素，其价格水平的上涨不但提高劳动者的生活成本，也提高了各种商品的供给成本，导致生活成本的提高。三是普遍实行的社会保险制度。多年来，中国劳动者的社会保险参保率不断提高，缴纳"五险一金"占据了一大部分收入，导致工资不得不相应提高。人口老龄化以及参保制度、退休制度的不完善，导致社会保险缴纳比例比较高。四是人口增长缓慢，劳动力市场由过去的无限供给劳动力逐渐变成用工难，因而也导致了用工贵。五是缺乏弹性的汇率制度。在货币供应量快速增长、通胀率居高不下的情况下，人民币汇率保持长期升值的趋势，直到 2013 年才逐渐转为双向波动。

在改革开放初期，东南沿海由于劳动力成本低、地价低，吸引了大量的海外投资，本地人也因为有大量的海外订单而能够投资创业。近年来，由于劳动力成本的大幅度上升，东南沿海地区产业需要转移，但是由于内地生产成本也居高不下，因而没有大幅度地向内地转移，而是向东南亚国家转移。劳动密集型产业是发展高端产业的基础。内地很多地区没有能够承接东南沿海的劳动密集型产业转移，失去发展的良机。

2000 年以后，各地进行了大量的基础设施建设，因而带动了装备制造业、钢铁水泥能源及其相关产业，给这些产业的所在地区，特别是东北、华北、内蒙古等地带来了订单和繁荣。随着基础设施与房地产投资高速增长时代的结束，相关产业出现了产能过剩的情况，给相关地区带来了沉重的经济下行压力。

从改革开放初期至今，基础设施投资大幅度增加，基础设施实物的使用效率与基础设施对经济增长的作用都出现了下降趋势。在这种情况下，基础设施投资依然每年增加，基础设施投资成本将要分摊到公众身上，以及通过使用付费的方式分摊到产品价格上。分摊到公众身上的成本将推动工资增长，从而推动产品的成本增长。两方面的合力一起提高产品价格，削弱中国产业竞争力。这与第八章第三节的分析是类似的。

第五节　中国经济结构性改革的策略

坚持标本兼治，重在治本，推进供给侧结构性改革，以供给侧结构性改革的思路统筹供给与需求结构的平衡，把基础设施投资改革作为供给侧改革的重要方面，为中国宏观经济中长期的发展打下坚实的基础，继续全面深化经济结构改革。

一、 坚持全面深化改革， 以调结构作为改革的重要目标

应该按照中央全面深化改革的要求，把经济结构调整作为改革的重要目标。在交通运输周转量有所下降的情况下，继续大规模扩大交通基础设施建设对经济增长不一定能起很好的效果。慎重对待基础设施投资，推进供给侧改革，削减政府实际支出，才能让居民消费占总需求的比例扩大。真正处理好政府和市场的关系，不仅要简政放权，更要减少政府对资源的掌控，使市场在资源配置中起决定性作用，更好地发挥政府作用；全面规范各级政府在基础设施、新城投资方面的投入行为。

二、 调整财税体制， 提升产业竞争力

当前的财税体制存在诸多需要改进的问题。

1. 流转税比重过大，所得税比重过小，扩大贫富差距。流转税课税对象为全体有消费行为的居民，税负比较均匀地落在了全体居民身上。随着收入的提高，边际消费倾向递减。绝大部分居民为中低收入人群，成为流转税的主要缴纳者。当前所得税中的个人所得税的收取范围过窄，收取对象主要是工薪收入人群，而获得其他形式的劳动收入、股权投资收入等的人群并没有广泛地缴纳个人所得税。

2. 政府性基金预算收入收取不合理，削弱了总需求。多年来，政府性基金预算收入尤其是土地使用出让收入较大。房地产业的发展，对其他产业的发展形成替代效应，使其他产业萎缩，把理应由全体公民共同负担的财政支出转嫁到中低收入人群身上。

政府性基金中有一部分是建设基金，属于资本性投资，应该由所有者投资，而不是使用者投资。彩票的购买者一般为中低收入者，过多地发展彩票事业、收取彩票公益金，同样可造成收入分配差距扩大。政府性基金中的国有资产收益太少，国有资产收益的一大部分应该上缴财政，为全国人民分享。

3. 财政收入来源的不合理，造成要素价格上升。生产要素至少包括土地、劳动力和资本三个方面。上述分析已经提及近年来土地使用价格不断攀升。分税制改革以后，税收征管力度不断加大，税收收入不断攀升，以流转税为主的税收加进了物价，以及各种商品流通费用的存在，造成物价水平不断上升，诸多商品的价格甚至比西方国家的还高。同时房价不断上升，综合因素助推劳动者的生活成本提高，导致劳动力价格提高。

面对宏观经济面临的收入分配差距扩大、总需求不足、总供给质量水平有待提高等诸多结构性、长期性矛盾，针对财政税收体制对收入不平等形成逆向调节机制，在财税体制方面采取下列四方面的改革措施。

1. 大幅度削减流转税的相关税率，建立简便可行的流转税制度。推进增值税改革，适当简化流程，大幅度降低税率。通过改革，大幅度降低商品零售价格，降低流转税对产品价格的扭曲程度，有效提高产业竞争力。

2. 改进所得税的征收办法，规范个人所得税的征收。征收所得税的重点对象应该是高收入群体，而不是工薪阶层。做到对一切收入进行监管，才能对高收入群体征税，同时适当降低低收入阶层的税率。

3. 适时开征房地产税等财产税收。十八届三中全会提出，加快房地产税立法并适时推进改革，加快资源税改革，推动环境保护费改税。开征房地产税等高额资产的税收，形成地方政府税收的主要来源，减少地方政府对土地使用出让收入的依赖。开征财产税、遗产税和赠与税。

4. 有效减少政府性基金预算收入。改革政府性基金预算收入，把应该征收的收入尽量转换为税收，把不应征收的收入取消。按照基金的使用用途，把原有的公路、铁路、民航、港口等建设基金列入资本性投资，由使用者投资改革为投资方投资。鼓励房地产商降价促销，平抑房价与地价，减少政府土地使用收入。不再大幅度鼓励或者扩大彩票事业，减少中低收入人群的支出。

三、 严肃财经纪律

严肃财经纪律的要义就是规范政府财政支出行为和金融货币发行。转变对政府经济工作的评价和目标考核，把经济总量最大化或者 GDP 增速考核调整为人民福利，即居民长期消费最大化作为经济工作的目标，实现中央提出的增强人民的获得感的目标。需要限制和规范各级政府支出和央行货币发行。在各地方政府债务压力沉重的情况下，出台强有力的措施，对各级政府的行为进行规范，严格控制超预算外的支出或者建设项目。按照经济增长速度，有节制地控制货币发行量，不以通胀刺激增长。

四、 实行有弹性的汇率政策

尊重市场经济规律，实行反映市场供求关系、成本关系的有弹性汇率政策，有助于国民经济健康发展。承认通胀的事实，在维持金融稳定的前提下，不把固定汇率作为金融目标，让人民币汇率反映实际购买力和供求关系，提高产业竞争力，促进经济增长。改革的目标应该是用市场化改革的办法推进结构调整，有效缩小收入差距，优化需求结构，提高需求总量，实现内外均衡（因为宏观经济总需求与总供给均衡、国际进出口贸易与资本项目流动均衡），促进国民经济长期持续稳定发展。

本章的分析显示，中国的居民消费率过低，投资率过高，但是抵扣了基础设施投资率以后，实体经济的投资率处于下降过程中，这说明基础设施投资不但挤占了居民消费，也挤占了实体经济投资。

中国的人均国内生产总值与发达国家相比还有很大差距。中国的劳动生产水平与发达国家相比也还有很大差距。资源配置效率还比较低，市场机制的作用还没有充分发挥出来。这些既是中国经济的不足，又是中国经济增长的动力。从供给侧结构性改革思路考虑今后的改革发展，应适当削减基础设施投资与政府支出，激发实体经济投资的活力；通过财税体制改革，降低收入分配差距，增强中低收入人群的消费能力。推动全面深化改革与小康社会的事业发展，中国经济增长还有很大的空间。

第十章　结论与讨论

基础设施是一种必不可少的生产要素，与劳动力、实业资本等其他生产要素有机结合，形成生产力。基础设施存量增长可以让其他生产要素能够更加充分地发挥作用或者让更多的生产要素投入生产，使产出增加，推动经济增长。基础设施增长也存在边际递减效应，投资基础设施将会挤占实业投资的资源，导致产出降低，阻碍经济增长。基础设施对经济增长起什么作用？本书使用经验研究方法，以中国为研究对象，总结其中的规律，并进行了理论上的讨论。

第一节　经验总结

前文介绍了基础设施的概念和有关文献，并从六个方面具体分析中国基础设施投资的经验。

第一，以中国的上古至西汉、隋朝两个时期的基础设施建设作为案例，分析总结中国古代基础设施历史经验。郑国渠、都江堰、邗沟等项目成功地推动了经济增长，而长城、隋朝大运河等基础设施项目的在短时间内实施并完成，导致社会快速陷入动乱、王朝覆灭。从中我们可以得到三个经验教训：一是兴建基础设施技术要可靠。二是基础设施投资必须有利于优化资源配置。三是基础设施投资必须在社会资源承受力以内，适可而止，不可过多占用民资民力。

第二，结合中国的国情，使用数理模型分析基础设施投资对经济增长的作用。基础设施通过提高其他生产要素可利用的数量、提高劳动力素质、提高生产率等三种途径，形成合力推动经济增长，通过乘数加速数机制影响产出。过多的基础设施投资也有可能挤占实业投资、居民消费，并导致通货膨胀；通过对总产出等式与国民经济支出结构等式的数理分析，得到符合最优经济增长的基础设施投资量。只有适度投资基础设施，使总供给与总需求均衡，才能实现国民经济最优增长。

第三，分析基础设施建设与使用效率。从国家整体和省级地区两个角度分析改革开放以后，铁路、公路等多种交通基础设施的存量变化情况与交通基础设施的使用效率。总体的客货运需求在经历了长期增长以后，从 2013 年开始处于倒 U 型走势的筑顶或者下降通道中，虽然近年又恢复增长，但是未来的市场需求可能难以大幅度增加。铁路、公路、水路运输是主要的交通运输方式，其客货运的使用效率也都处于筑顶或者下降的通道中，而航空运输和油（气）管道运输市场可能还会有一定的增长空间。各省级地区也都在大力加强基层设施建设，但是基础设施存量分布的不平衡性是显而易见的。人口多、经济发达的地区，其人均基础设施存量较少，这可能也是未来基础设施投资具有较好效益的地区。使用面板数据、自然对数模型，利用混合 OLS、固定效应和随机效应等方法分析交通基础设施使用效率，发现交通基础设施使用效率高的地区，有基础设施存量少、人口多、经济发达等显著特征。

第四，分析基础设施投资与经济增长率的关系。以基础设施投资率（当年基础设施固定资产投资额/当年生产总值）和基础设施投资积累率（基础设施历年投资之和/当年生产总值）为研究对象，使用二次项模型与 OLS 方法，利用中国 1989—2015 年基础设施固定资产投资数据进行回归分析，发现基础设施投资率与投资积累率对经济增长率有可能存在倒 U 型关系，即基础设施投资超过一定比率将导致经济增长率下降。基础设施投资长期推动经济增长，现在已经过了拐点。从短期分析，从 2013 年开始，基础设施投资对经济增长有所阻碍；从中长期分析，从 2009 年以后，大幅度基础设施投资对经济增长的作用出现了反转，过度投资阻碍了经济增长。

第五，分析基础设施投资成本。估算了全国基础设施投资的成本情况，发现其成本巨大，预算内资金只占基础设施投资的一小部分，满足投资需求要依靠多种方式筹资。公众需要以缴纳土地使用金或者长期加价使用基础设施的方式为基础设施建设投资付费，成本负担与巨额的地方政府债务主要落在晚购房者与租房者身上。加大基础设施投资是地方政府与公众的占优策略行为。巨量的基础设施投资产生房价上涨、收入分配差距拉大、金融风险、通货膨胀、抑制经济增长等诸多不利影响。

第六，分析基础设施投资在国民经济总需求结构的比例关系。通过考察基础设施投资与固定资产投资在国民经济结构中比例，发现基础设施投资率与固定资产投资率不断增加，现在已经到了很高的比率。考察多年间中国宏观经济总需求结构的变化情况，以世界上其他大国和地区的经验为借鉴，发现中国居民消费率最低，而投资率却最高。1995—2019年，中国居民消费占比发生较大幅度的下降，投资率与政府支出占比都上升，基础设施投资推动了这两者的增长，基础设施投资率的攀升挤占了居民消费与实体经济投资。政府支出与投资占比过大、收入分配差距拉大、房价上涨等因素造成消费低迷，产业竞争力也受到削弱。此外还分析了财税体制问题与收入分配问题，提出结构性改革策略。

中国在改革开放以前，对基础设施建设有过经验总结与讨论。陈云（1956）提出建设规模要和国力相适应，基本建设规模和财力物力之间的平衡，不但要看当年，而且必须瞻前顾后。说说当年也曾经经历过建设规模过大，影响了生产和生活，随后对此做出了反思。

改革开放后，中国的基础设施投资取得举世瞩目的成就，但是长期巨量的基础设施投资已经导致效率下降，产生了诸多社会成本问题。面对当前的情况，可以适当地作一些调整。

第一，把经济结构调整作为改革的重要目标。把基础设施投资纳入供给侧改革的重要内容，适当减少公共支出，特别是压缩基础设施投资规模，提高实业投资与居民收入，激发经济发展动力。积极推动"一带一路"倡议，把国内富余的基础设施产能转移到国外，造福沿线国家。

第二，全面深化改革。坚定地走市场化改革的道路，使市场在基础设施投资中起决定性作用。从提高经济效益的角度对基础设施进行规划与投资，让公共资金用于有效率、造福更多人口的项目。

第三，适当地调整政绩评价体系。从效益与成本双侧考核地方政府的基础设施投资行为，公开公共支出行为的成本，避免地方政府一味追求基础设施投资量。

第二节　模型讨论：　基础设施投资率与经济增长率

一、　模型设定

本书分析了中国基础设施投资情况对经济增长的作用，得到了若干结论。

可以把这些结论延伸，分析基础设施投资率与经济增长率之间具有一般意义的规律。设定如下经验模型：

$$y = f(R, X) \tag{10-1}$$

y 为经济增长率；R 为基础设施投资率；X 为其他因素，比如有可能是人口结构或者其他更多的变量，也还有可能是基础设施存量。

二、　模型假定

根据上文的分析，使用图 10-1 来说明基础设施投资率与经济增长率的关系。横坐标为基础设施投资率 R，$R \geq 0$。如果可以获得外部资金，基础设施投资率有时甚至可以大于 1。纵坐标为经济增长率 y，y 的取值范围没有限制，但是一般大于 0，有时也可以小于等于 0，这时经济衰退。基础设施投资率与经济增长率之间的关系符合如下 4 个假定。

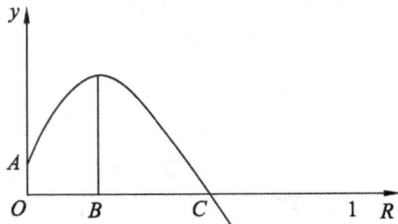

图 10-1　基础设施投资率与经济增长率

假定 1：基础设施是生产的必要条件，但是基础设施投资却不是生产的必要条件。

除非社会遇到重大打击，否则基础设施存量一般不会为零，基础设施存量通常都大于零。如果其他的生产要素有足够的投入，即使基础设施投资为 0，经济增长率也大于 0。如点 A，当 $R=0$，$y>0$。

假定 2：基础设施投资率在一定范围内，经济增长率随着基础设施投资率的增长而增长，但增长速度是下降的。即经济增长率对基础设施投资率的一阶导数大于 0，二阶导数小于 0。

当 $0<R<B$，$f'_R(R)>0$，$f''_R(R)<0$。

假定 3：当基础设施投资率为一定值时，经济增长率达到最大值。

当 $R=B$ 时，y 达到极大值，$f'_R(R=B)=0$。

假定 4：当基础设施投资率超过一定值时，经济增长率将从最大值下降。继续增加基础设施将阻碍经济增长，当基础设施投资超过一定值时，将导致经济增长率为负数，经济下滑。

当 $R>B$ 时，y 开始下降。继续增加基础设施投资，导致经济增长率下降。

当 $R=C$ 时，$y=0$。当基础设施投资率扩大到一定值时，带来的后果是经济增长停滞。

当 $R>C$ 时，$y<0$。当基础设施投资率超过一定值时，带来经济下滑的严重后果。当执政者为了某种目的，不顾一切地投

资于基础设施建设，将导致经济下滑的灾难性后果。极端的案例在本书已经提及，此处不再赘述。

三、 拟合模型的函数式

上述 4 个假定大致地反映了基础设施的中国经验。还可以尝试用具体的函数形式来拟合式（10-1）。二次函数可以满足上述 4 个假定条件。

$$y = f(R, X) = aR^2 + bR + c + \alpha X \qquad (10\text{-}2)$$

式（10-2）中，a、b、c 分别为基础设施投资率的二次项系数、一次项系数、常数项，X 为其他变量，α 为相应的系数或者向量。

$$y'_R = 2aR + b > 0 \qquad (10\text{-}3)$$

$$y''_R = 2a < 0 \qquad (10\text{-}4)$$

由式（10-3）与式（10-4），可得：

$$a < 0 \qquad (10\text{-}5)$$

函数顶点横坐标必须大于 0，因此，

$$b > 0 \qquad (10\text{-}6)$$

纵坐标必须大于 0，

$$4a(c + \alpha X) > b^2 \qquad (10\text{-}7)$$

$y = f(R)$ 符合倒 U 型的特征。

当 $R = 0$，$y = c + \alpha X$ \qquad (10-8)

这就是在点 A 时的经济增长率。当基础设施投资 R 为 0 时，经济增长依靠其他因素 X 维持。这时增长率为：

$$y = f(R = 0) = c + \alpha X \qquad (10\text{-}9)$$

如果基础设施投资率达到一定值，即 $R = B$，增长率为极大值、最大值时，即为函数的顶点，

$$R = \frac{b}{2a} \qquad (10\text{-}10)$$

$$y = \frac{4a(c + \alpha X) - b^2}{4a} \qquad (10\text{-}11)$$

这也是顶点的坐标。回顾第七章，三项基础设施投资率的

顶点为 13.1%，这是中国经验值，考虑到回顾计算的精度，把基础设施投资率的顶点设计为 [13%，14%] 的区间。

当 R 增加到 C 点时，经济增长率为 0，此时的基础设施投资率

$$R_C = \frac{-b + \sqrt{b^2 - 4a(c + \alpha X)}}{2a} \qquad (10\text{-}12)$$

当 $R > R_C$，经济增长率 $y < 0$。

回顾第三章与第七章，虽然没有计算出 R_C 的经验值，但是从以往的经验可以推断 $R_C \ll 0.5$，即如果把经济总量的一半投资于基础设施，经济增长肯定下降。

回顾式（7-1）的估计结果，$a < 0$，$b > 0$，符合上述假定。因此，可以以二次函数式（10-2）拟合基础设施投资与经济增长的关系，这是一条倒 U 型的曲线，曲线上存在着一定的基础设施投资率，可以使经济总量以最快的速度增长，这也就是最优的基础设施投资率，这与第四章的分析一致。第七章的分析也给出了关于最优的基础设施投资率的初步运算，虽然其并不一定精确。

四、 对其他变量的讨论

其他变量 X 至少应该包括生产要素、经济社会环境、影响基础设施与经济增长关系的因素等。

1. 生产要素

如前文所述，推动经济增长的生产要素有很多，至少包括实业资本、基础设施、劳动力、技术、土地、企业家才能、自然条件（比如阳光、风力）、制度等，这些诸多要素的投入都有可能影响经济增长率。在这些要素中，正如常言道，科技是第一生产力，是发展的第一推动力。一般情况下，基础设施不太可能是推动经济增长的最主要因素。

2. 经济社会环境

这方面指国内外的经济社会环境。当国际市场需求旺盛时，强有力的外部需求将拉动国内经济增长。国内市场如果需

求旺盛，也能够拉动国内经济增长。国内外社会、政治环境的稳定与否，对经济增长也有重要影响。另外，需要指出的是，收入分配差距应该也是很重要的变量。

3. 影响基础设施与经济增长关系的因素

在技术方面，基础设施对经济增长的挤出效应不尽相同。在古代，大运河工程需要几百万的劳动力，大量挤占当时的实体经济——农业的劳动力，导致农村土地无人耕种。哪怕到了改革开放以前，很多工程项目还需要有很多劳动力。近年来，情况大大改观，机器设备的大量使用，使得高铁、公路等大型的基础设施项目，需要的劳动力大大减少，对实体经济的劳动力影响较少。另外，投资量相同的不同项目之间，劳动力需求也不尽相同。

在经济技术方面，基础设施对经济增长的贡献不尽相同。有些设施项目，比如交通能源，可能会直接作用于经济增长上。即便如此，有些交通项目建设在人口较少甚至人迹罕至的地区，对经济增长的拉动作用则是很有限的。有些项目，比如绿化项目，难以直接推动经济增长，只能通过美化环境，吸引外来的人口或者投资，以及提高本地公众的身心健康，间接地推动经济增长，这与交通基础设施项目的效果是不同的，后者可以直接作用于经济增长。另外，有些项目的施工工期较长，其对经济增长的作用有时滞效应。不同基础设施在经济技术方面存在多方面差异，这使得相同的投资作用于不同的基础设施项目，对经济增长产生不同的效果。

社会承受力有差异。在古代，社会主要以农业为主要产业，而且农业生产技术落后，社会剩余产品很少，难以支撑大量的公共项目。在改革开放之初，当时社会经济总量还比较小，公众还没有完全解决温饱问题，社会所能承受的基础设施投资率也还比较低。当时，国家建设项目一旦增加，就很容易引起通货膨胀，公众的生活水平受到严重冲击，对经济的影响较大。近年来，基础设施投资率不断提高，国民经济投资率长期保持在40%以上，对通货膨胀的影响较小，对公众生活的冲击也较弱。一方面，国力增强了，公众的生活水平提高了，抗冲击能力也增强。另一方面，经济中的资产结构发生了重大变化，房地产成为主要的资产，很多货币流入了房地产，而房地产价格的变化并不计入通货膨胀率，因而现行统计的通胀率并不高。

五、 对模型的总结讨论

由于影响经济增长的其他变量很多，基础设施投资对经济增长的影响可能仅占其中的一部分，甚至仅占一小部分。在图7-2中，基础设施投资率与经济增长率之间在现实经济中的分布图并不是一个完美的倒 U 型，图 7-2 仅仅是基础设施投资率与经济增长率之间的二维分布图。在其他因素的干扰下，或者说在没有控制其他变量的影响下，基础设施投资率对经济增长率的影响难以呈现出直观的倒 U 型曲线。如果能够控制上述的"其他变量 X"，那么两者之间将很可能呈现出比较完美的倒 U 型曲线。事实上，在本书的第七章第二节中，在控制了人口结构、反映经济增长的"质"与"量"的三个变量的影响以后，基础设施投资率与经济增长率之间似乎呈现显著的倒 U 型曲线。如果在控制其他重要的因素之后，倒 U 型曲线结论应该能够经过理论假说、经验证明两方面的验证而成立。

经济学史上曾经出现过一些经验模型，成功地解释了经济现象。比较著名的有菲利普斯曲线（Phillips Curve），最开始分析了失业率与工资率之间的交替关系（Phillips, 1958），后来发展成为失业率与通货膨胀率之间的负相关关系（Samuelson and Solow, 1960）。还有拉弗曲线（Laffer Curve），描绘了税收收入与税率之间的关系（Wanniski, 1978），低税率可以改变人们的经济行为，并且刺激经济增长（Laffer, 2004），成为美国里根总统在 20 世纪 80 年代减税的理论依据。

式（10-2）描绘了基础设施投资率与经济增长率之间的经验关系，但这只是一种粗略的估计，对于其他因素，还没有讨论，也没有讨论基础设施投资的滞后效应。这些都还需要作进一步的研究。除了囗国的经验以外，还需要研究处于不同的发展阶段的其他国家的经验，对式（10-1）与（10-2）作进一步的证实或者证伪。

第三节 进一步的探讨

经济分析有短期分析和长期分析两种角度。短期分析着眼于短期内的波动，尤其注重对周期性因素的分析。著名的凯恩斯主义着重短期分析，主张通过扩张性的经济政策，增加需求，包括基础设施投资与建设来促进经济增长。这种做法主张增加政府开支，忽略了实体经济需求。严重的话，有可能导致政府财政赤字，债务加重和通货膨胀，造成包括基础设施在内的产能过剩，为经济危机埋下祸根。长期分析则着眼于经济的实质因素与长期供求关系。古典经济学着眼于经济基本面，对经济波动不主张采取刺激的办法，而主张通过经济结构调整来走出危机。本书的思想和研究思路与古典经济学一致，但是拓展了古典经济学的视角，认为基础设施仅仅是一种生产要素，基础设施投资并非刺激经济增长的"万能药方"；主张从经济基本面的长期供求关系出发进行基础设施投资，认为存在着最优基础设施投资值与最优基础设施存量，基础设施投资不一定是刺激经济增长的有效办法。

基础设施投资曾经是中国经济迅速腾飞的重要原因，但也造成了沉重的社会负担。基础设施投资只有在特定的条件下才能推动经济增长。基础设施建设技术要可靠，投资必须有利于优化资源配置，必须符合社会承受能力。本书的结论是：只有适当地进行基础设施投资，才能有效地推动经济增长。过犹不及，过量的基础设施投资将阻碍经济增长。

我们生活在一个伟大的时代，有幸亲身经历着重要的经济增长时期，目睹基础设施巨大发展给经济和社会带来的重要变化。对中国在基础设施推动经济增长上的历程进行经验总结，可以为世人提供借鉴和参考。纵览世界各国的发展，基础设施建设情况各有不同，有些国家基础设施还比较缺乏。如果投资率与投资积累率较低，适当投资基础设施可以让其他生产要素更好地发挥作用，推动经济增长。

　　本书使用现代经济学方法对现实问题做了初步的分析，但是由于水平不高，时间有限，很多问题还需要进一步展开分析，还可以就本书主题展开更为深入的探索。

参考文献

一、中文文献

［1］常健：《中国基础设施投资过度?》，FT 中文网，2011-6-11. http：//www. ftchinese. com/story/001038933。

［2］陈彦斌、陈小亮、陈伟泽：《利率管制与总需求结构失衡》，《经济研究》，2014 年第 2 期。

［3］陈云：《建设规模要和国力相适应（一九五七年一月十八日）》，《陈云文集（第三卷）》，北京：人民出版社，1995 年，第 48-57 页。

［4］［唐］杜佑：《通典》，王文锦、王永兴、刘俊文、徐庭云、谢方点校，北京：中华书局，2016 年。

［5］黄寿峰、王艺明：《我国交通基础设施发展与经济增长的关系研究——基于非线性 Granger 因果检验》，《经济学家》，2012 年第 6 期。

［6］范九利、白暴力：《基础设施投资与中国经济增长的地区差异研究》，《人文地理》，2004 年第 2 期。

［7］范九利、白暴力：《基础设施资本对经济增长的影响——用生产函数法估算》，《经济论坛》，2004 年第 11 期。

［8］龚海林、梅国平：《总需求结构对经济波动的影响分析》，《统计与决策》，2012 年第 9 期。

［9］龚书铎：《白话精编二十四史·隋书》，成都：巴蜀书社，2012 年。

［10］李剑农：《中国古代经济史稿》，武汉：武汉大学出

版社，2006 年。

[11] 刘伦武：《基础设施投资对经济增长推动作用的动态计量模型与分析》，《数理统计与管理》，2005 年第 2 期。

[12] 刘生龙、胡鞍钢：《交通基础设施与经济增长：中国区域差距的视角》，《中国工业经济》，2010 年第 4 期。

[13] 刘勇：《交通基础设施投资、区域经济增长及空间溢出作用——基于公路水运交通的面板数据分析》，《中国工业经济》，2010 年第 12 期。

[14] 刘伟、蔡志洲：《国内总需求结构矛盾与国民收入分配失衡》，《经济学动态》，2010 年第 7 期。

[15] [周] 姬昌著，袁立编：《易经》，北京：中华书局，2011 年。

[16] 潘镛：《隋唐时期的运河和漕运》，西安：三秦出版社，1987 年。

[17] 任维忠：《在综合平衡中稳步前进——学习陈云同志经济思想体会》，《财经科学》，1982 年第 3 期。

[18] 史晋川、黄良浩：《总需求结构调整与经济发展方式转变》，《经济理论与经济管理》，2011 年第 1 期。

[19] 司马迁（汉）著，李翰文主编：《名家集评全注全译史记》，北京：新世界出版社，2014 年。

[20] 孙早、杨光、李康：《基础设施投资对经济增长的贡献：存在拐点吗——来自中国的经验证据》，《财经科学》，2014 年第 6 期。

[21] 中华人民共和国审计署：《2011 年第 35 号公告：全国地方政府性债务审计结果》，2011 年。

[22] 中华人民共和国审计署：《2013 年第 32 号公告：全国政府性债务审计结果》，2013 年。

[23] 陶然、苏福兵、陆曦、朱昱铭：《经济增长能够带来晋升吗？——对晋升锦标竞赛理论的逻辑挑战与省级实证重估》，《管理世界》，2010 年第 12 期。

[24] 滕泽之：《隋朝人口增长考异》，《人口研究》，1988

年第 3 期。

［25］王任飞、王进杰：《基础设施与中国经济增长：基于 VAR 方法的研究》，《世界经济》，2007 年第 3 期。

［26］王小鲁、樊纲、刘鹏：《中国经济增长方式转换和增长可持续性》，《经济研究》，2009 年第 1 期。

［27］［唐］魏征等：《隋书》，北京：中华书局，1973 年。

［28］夏杰长：《以扩大消费需求为着力点调整我国总需求结构》，《经济学动态》，2012 年第 2 期。

［29］夏业良、程磊：《基础设施与经济增长的互动影响——基于 VAR 模型的动态分析》，《经济经纬》，2011 年第 4 期。

［30］张光南、杨子晖：《制度、基础设施与经济增长的实证研究——基于面板数据的分析》，《经济管理》，2009 年第 11 期。

［31］张军、高远、傅勇、张弘：《中国为什么拥有良好的基础设施?》，《经济研究》，2007 年第 3 期。

［32］张小锋、张斌、赵勇等：《电力消费与经济发展关系国际实证分析——基于长期历史数据的考察》，《中国能源》，2012 年第 4 期。

［33］张学良：《中国交通基础设施与经济增长的区域比较分析》，《财经研究》，2007 年第 8 期。

［34］周黎安、李宏彬、陈烨：《相对绩效考核：关于中国地方官员晋升的一项经验研究》，《经济学报》，2005 年第 1 期。

［35］周小谦：《中国电力发展的历程》，北京：中国电力出版社，2002 年。

［36］［春秋］左丘明：《左传》，郭丹、程小青、李彬源译注，北京：中华书局，2016 年。

［37］［春秋］左丘明：《国语》，陈桐生译注，北京：中华书局，2016 年。

［38］作者不详：《山海经》，方韬译注，北京：中华书

局，2016 年。

[39] 作者不详：《尚书》，顾迁译注，北京：中华书局，2016 年。

二、英文文献

[1] Aschauer, D. Is Public Expenditure Productive? Journal of Monetary Economics, 1989a, 23(2):177-200.

[2] Aschauer, D. Public Investment and Productivity Growth in the Group of Seven, Econ., Perspectives, 1989b, 13(5): 17-25.

[3] Aschauer, D. Does Public Capital Crowd out Private Capital? Journal of Monetary Economics, 1989c, 24(2):171-188.

[4] Banerjee A, Duflo E & Qian N. On the Road: Access to Transportation Infrastructure and Economic Growth in China, NBER working paper series 17897.2012.

[5] Barro, R. Government Spending in a Simple Model of Endogenous Growth. The Journal of Political Economy, 1990, 98(5), Part2, S103-S125.

[6] Barro, R. Economic Growth in a Cross-Section of Countries. The Quarterly Journal of Economics, 1991, 106(2): 407-443.

[7] Canning, D. A Database of World Stocks of Infrastructure, 1950 - 95. The World Bank Economic Review, 1998, 12(3):529-547.

[8] Canning D and Pedroni P. Infrastructure and Long Run Economic Growth. Consulting Assistance on Economic Reform II Discussion Paper 57, 1999.

[9] Canning D and Pedroni P. Infrastructure, Long-run Economic Growth and Causality Tests for Cointegrated Panels. The Manchester School, 2008, 76(5), Special Issue, 2008, 1463 - 6786, 504-527.

[10] Choi E. Patronage and Performance: Factors in the Political Mobility of Provincial Leaders in Post-Deng China. The China Quarterly, 2012,212:965-981.

[11] Devarajan S, Swaroop V, Zou H. The Composition of Public Expenditure and Economic Growth. Journal of Monetary Economics, 1996,37:313-344.

[12] Demurger S. Infrastructure Development and Economic Growth: An Explanation for Regional Disparities in China? Journal of Comparative Economics, 2001,29:95-117.

[13] Esfahani H and Ramirez M. Institutions, Infrastructure, and Economic Growth. Journal of Development Economics, 2003, 70:443-447.

[14] Fernald John G. Roads to Prosperity? Assessing the Link between Public Capital and Productivity. The American Economic Review, 1999,89(3):619-638.

[15] Ghali Khalifa H. Public Investment and Private Capital Formation in a Vector Error-correction Model of Growth. Applied Economics, 1998,Vol.30:619-638.

[16] Grier K and Tullock G. An Empirical Analysis of Cross-national Economic Growth, 1951-80. Journal of Monetary Economics, 1989,24:259-276, North-Holland.

[17] Gramlich Edward M. Frastructure Investment: A Review Essay. Journal of Economic Literature, 1994,32(3):1176-1196.

[18] Hong J, Zhao F and Wang Q. Transport Infrastructure and Regional Economic Growth: Evidence from China. Transportation, 2011,38:737-752.

[19] Huang Y and Wang B. Cost Distortions and Structural Imbalances in China. China and World Economy, 2010,18(4):1-17.

[20] Hulten C. Infrastructure Capital and Economic Growth: How Well You Use It May Be More Important Than How Much You

Have. NBER Working Paper 5847,1996.

[21] Lazear E and Rosen S. Rank-Ordered Tournaments as Optimal Labor Contracts. Journal of Political Economy, 1981,89: 841-864.

[22] Li H and Zhou L. Political Turnover and Economic Performance: The Incentive Role of Personnel Control in China. Journal of Public Economics, 2005,89:1743-1762.

[23] Maddison A. Growth and Slowdown in Advanced Capitalist Economies: Techniques of Quantitative Assessment. Journal of Economic Literature, 1987,25(2):649-698.

[24] Morrison C and Schwartz A. Infrastructure and Productive Performance. The American Economic Review, 1996,86 (5):1095-1111.

[25] Phillips A W. The The Relation between Unemployment and the Rate of Change of Money Wage Rates in the United Kingdom, 1861—1957. Economica, 1958,25(100):283-299.

[26] Samuelson P A and Solow R M. Analytical Aspects of Anti-inflationary Policy. American Economic Review, 1960, 50 (2):177-194.

[27] Wanniski J. Taxes, Revenues, and the "Laffer Curve". The Public Interest, 1978,50(3):3-16.

[28] World Bank. Infrastructure for Development. World Development Report, 1994.

[29] Yeoh M and Stansel D. Is Public Expenditure Productive? Evidence from the Manufacturing Sector in U.S. Cities, 1880—1920. Cato Journal, 2013,33(1):1-28.